# 통찰과 예견

# 통찰과 예견

오정현 지음

**국제제자훈련원**

# 프롤로그

'승리하는 신앙'(The Victorious Faith)을 쓴 리처드 범브란트는 루마니아 공산 치하에서 신앙 때문에 참혹한 옥고를 치른 분입니다. 이 책은 단말마와 같은 신음의 단문들로 이어져 있습니다. '한계상황에 직면한 신앙인은 조직적으로 사고하지 않는다.'고 했습니다. 고문에 대한 두려움, 극심한 배고픔, 늘 모자라는 잠, 동료를 배신하게 되면 어쩌나 하는 불안감에 짓눌린 사람이 조직적으로 사고한다는 것도 우스운 말입니다.

남가주 사랑의교회를 개척해 지난 15년간 숨 가쁘게 달려온 세월을 회억할 때, 사역 때문에 밤잠 설치고 가슴 태우고 때로는 밥숟갈 들 틈마저 놓치는 날들이 많았습니다. 사역이 감옥이 되어 그 안에 영어(囹圄)된 적도 심심찮게 있었습니다. 여기 제가 잡아놓은 생각의 편린들은 이렇게 모아진 것들입니다. 이 책이 기워놓은 조각보처럼 세상에 나온 소종래(所從來)를 밝히자면 이렇다는 것입니다.

작은 책 하나를 세상에 내놓으며 이 책이 지향하는 정신을 가장 잘 표현할 수 있는 말을 생각해 보았습니다. 지난 1월 사랑의교회에 2대 담임목사로 부임하며 교회와 성도들 앞에 내놓은 말입니다.

"내세울 것 없는 부족한 인생이며, 오늘의 사역을 감당할 만한 그릇도 못 되지만, 질그릇 같은 제 안에서 살아서 역사하시는 예수 그리스도의 생명의 능력으로 오늘의 제가 있게 되었습니다. 대학시절부터 제 마음속에 자리 잡고 있었던 것은 '하나님이 신실하시기 때문에 하나님을 믿고 따르는 제 삶도 시시하지 않을 것'이라는 믿음 하나였습니다.

저는 이 시간 하나님 앞에서 두렵고 떨리는 마음으로 이 귀한 위임목사직을 순종합니다. 사랑의교회 2대 목사의 직을 선한 청지기로서 십자가를 지는 마음으로 충성을 다하겠습니다. 희생 없이는 능력이 나타나지 않는 것을 알기에 주님의 몸 된 교회를 위하여 그리스도의 남은 고난을 제 사역에 채우기를 원합니다.

이제 사랑의교회는 2기 사역이라는 새로운 출항을 합니다. 이것을 위하여 몇 가지 기도제목을 나누기를 원합니다.

첫째, 사랑의교회는 지난 25년과 같이 바울이 기도한 것처럼 복음의 비밀이 담대히 선포되고 피 묻은 복음의 능력이 이 세상 가운데 충만해져서 수많은 믿지 않은 영혼들이 주님 앞에 돌아오는 하나님의 주권이 선포되는 교회가 되기를 바랍니다.

둘째, 사랑의교회가 아름다운 세대 계승을 통해 한국교회에 감동을 끼치며 이 사회 앞에 도덕적 주도권을 회복하기를 원합니다. 특히 후임목사로서 옥한흠 목사님으로부터 배운 강점과 저의 강점이 생명력 있는 조화를 이루어 제자훈련의 상승작용이 일어나기를 원합니다.

셋째, 사랑의교회가 제자훈련을 통해 받은 은혜를 가지고 섬김과 나눔을 실천하는 교회, 은총의 통로가 되는 교회가 되게 하시고, 지속적인 성령의 기름 부으심으로 다음 세대를 키우며 새로운 21세기 문화를 포용하고 접근하며 변혁할 수 있는 전방위적인 교회가 되기를 원합니다.

넷째, 세계선교의 마무리를 위해 쓰임 받는 교회가 되기를 원합니다. 강한 성령의 역사로 믿음의 용량을 넓혀 중국과 북한을 섬기며 세계에 흩어져 있는 6백만 디아스포라를 네트워킹하기 원합니다.

참으로 지난 25년의 사랑의교회의 사역은 영광스러운 사역이었습니다. 향후 25년의 사역도 소망의 미래가 되도록 우리를 붙잡아 주시기를 바랍니다. 시작보다 끝이 더 좋은 은혜가 있기를 기도합니다. 그야말로 우리의 섬김을 통해 물이 바다 덮음같이 여호와의 영광을 인정하는 것이 온 땅에 가득하길 바랍니다. 성도 여러분의 가정마다 하나님의 은혜와 평강을 채워주시기를 간

절히 소원합니다."

 맞습니다. 이 책은 조직하기엔 너무 뜨겁고 벅찬 제 사역의 심장을 담은 것입니다. 독자제현께서도 부족한 단편을 하나님 나라를 향한 안타까움이라는 렌즈로 읽어주시기 바랍니다. '밤낮 불러서 찬송을 드려도 늘 아쉰' 주님, 그분의 부흥제단에 이 몸을 태우는 마음으로 적은 미완성 팡세임을 헤아려주시기 바랍니다.

2004년 4월, 사순절에
교회가 채워야 할 그의 남은 고난을 생각하며,

**오정현** 적음

# ■ 목 차

프롤로그_ 4

## 이제는 역사도 두께로 말하자_ 10

두께로 말하는 역사 · 황사 경보 · 수선대후 · 톈산 수로 · 운장
모택동이 '나의 스승'이라고 부른 사람 · 공생 · 인물 · 노회한 전문가
당원과 제자 · 미래 예측 · 현장성과 정통성 · 기반 다지기
개혁의 수순 · 역사와 역설 · 이미지 · 양손 이론 · 브릿지 빌더
우물 안 개구리 · 태평성세는 없다

## 불 받은 문사철을 꿈꾸며_ 48

배움의 원풀이 · 주류의 침묵 · 실력으로 무장한 복음주의자
영혼, 민족, 선교 · 복음의 네트워킹 · 원리의 전수
강의의 집중력 · 문사철 · 지성과 다원 · 목표 있는 교육 · 편견과 오만
사상과 문제 해결 · 인격 살인 · 견제와 균형 · 분수와 실력 · 서열
공간에 담은 정신 · 몸 낮춤 · 권력은 관계다 ·
상황이 인물을 만든다 · 시대의 아들 · 역사의 커튼 뒤

## 영성시대 도강을 위하여_ 92

교회여, 자본의 썩는 속성을 방부하라 · 쾌락주의의 부식력
교회를 위한 역사 · 젊은 교회 · 승자의 여유 · 제조 강국 일본
명국복기(名局復棋) · 리더십의 바탕 · 하나님의 관심 · 더 위험한 쏠림
역발상 · 힐송 교회 · 관계중심 · 가정과 교회 · 사관
이스라엘 역사에서 배운다 · 만민의 기도하는 집 · 평신도 회복 운동
고아원이 될 것인가 · 붙어 있음 · 사람을 위한 투자 · 검증
영어냐 영혼이냐 · 신드롬 · 성공 정의 · 한국의 가능성 · 한 사람 철학
도덕적 해이 · 사역의 보람 · 영혼, 감성, 체험 · 닮기 · 용기가 중요하다
사역의 등뼈 · 헝그리 정신 · 야전군 정신 · 지식의 지배 · 초교파
제2의 종교개혁 · 소그룹과 귀납법적 성경연구 · 체험학습 · 인본주의 이해

## 사람, 키움과 이끎의 철학_ 162

서울로 가는 이유 · 교량 공사 · 밑바닥 정서 · 자기점검 장치
아우름 · 리더 · 제자훈련론의 심화 · 감동과 전문지식
부흥회 같은 당회 · 창조적 소수 · 실력 · 40대 기수론 · 멘토와 코칭
얽힘과 엮임 · 민족을 포옹한 교회 · 포괄적 애국주의
한미준 · 바른 의사결정 · 충직

에필로그_ 198

**중국**, 길이가 아니라 두께로 역사를 보는 법을 가르쳐 준 나라.
전체 인구의 5%도 안 되는 공산당원들이 대세를 장악하고 이끌어가는 나라.
용인(用人)과 인재양성의 혜안을 보여 주는 나라.
중국 22개 성을 돌며 느낀 역사의식, 사람 보는 법의 편린을 적어 봅니다.
세상을 혁명하려 한 이들에게서 하나님 나라 운동의 한 원리를 들춰내 봅니다.

이제는
## 역사도 두께로 말하자

## 두께로 말하는 역사

　　　　　　북경 칭화(靑華)대학은 베이징대학과 더불어 중국이 자랑하는 명문 중의 명문입니다. 이 대학을 졸업한 한 형제(남가주 사랑의교회 최헌봉 전도사)를 4년 전 발탁해 동역했습니다. 이 형제 앞에서 중국 역사를 이야기하다가 의미심장한 이야기를 들었습니다.

"목사님, 중국의 역사는 길이가 아니라 두께로 말해야 합니다."

이 말을 듣고 기가 탁 막혔습니다. 그렇습니다. 중국은 역사요 인민이요 대륙입니다. 13억에 달하는 인구, 온대부터 열대와 사막까지 다 있는 나라, 숙청하지 않는 나라, 문제시되는 인물들을 시골 한지에서 오래 묵혔다가 다시금 쓰는 나라……

중국 방문을 앞두고 중국의 최고 치세를 물었더니 '강건성세'라고 대답했습니다. 강건성세란 청의 강희(康熙), 옹정(雍正), 건륭제(乾隆帝)까지 약 134년을 이르는 말입니다. 그래서 중국 역사책을 좀 뒤졌더니 이상한 점을 한 가지 발견할 수 있었습니다. 그것은 중국 최강기라는 그 시기에 온갖 난과 사태가 벌어졌다는 사실입니다. 삼번(三藩)의 난, 조선과의 국경 분쟁, 러시아와의 알력, 중가르부 정벌, 칭하이 속령화, 신강성 정벌……. 최고의 성세라고 하는데 정세 자체는 어떻게 보면 간당간당합니다. 늘 조마조마했던 것입니다. 서양 역사에서도 이와 비슷한 현상이 나타난 적이 있습니다. 이를테면 로마의 오현제(五賢帝) 시기를 돌아봅시다. 오현제 치세는 한마디로 '안정 없는 안정기'(unsettled situation)였습니다.

그렇습니다. "평안하다. 괜찮다. 모든 것이 안정적이다." 하고 말할 수 있는 시기는 없습니다. 여기에 눈을 뜨면 사람이 좌절할 것도 없고 조바심 낼 것도 없습니다.

나는 예술가적 기질을 가진 사역자입니다. 섬세한 대신 속으로 작은 상처를 많이 받습니다. 더군다나 목회자이신 아버지께서는 그야말로 인자무적이신 분입니다. 이래저래 선천적으로 예민하고 속 끓이는 사람일 수밖에 없는 나입니다.

그러나 이런 나에게 하나님은 책을, 역사를 읽게 하심으로 통찰력(insight)과 예견력(foresight)을 갖게 하셨습니다. 길이가 아닌 두께로 역사와 사역을 보게 하셨습니다. 사물을 보는 눈이 두터워지고 입체적으로 조망할 수 있는 안력(眼力)을 가지게 되었다면, 그래서 보이는 것에 일희일비(一喜一悲)하지 않을 수 있는 심력(心力)을 가지게 되었다면 그것은 아마도 여기에서 비롯된 것이 아닌가 생각합니다.

## 황사 경보

삼자교회, 처소교회, 가정교회를 두루 견학하고 그곳의 지도자들을 만나 대담하면서 중국 크리스천의 수가 약 3천만에서 5천만 사이라는 사실을 알 수 있었습니다.

그런데 이 정도의 숫자로는 중국에 영향을 끼치기가 어렵습니다. 적게 잡아도 2-3억 정도는 돼야 사회에 영향력을 끼칠 수 있고 변혁이 가능합니다. 이제 5년밖에 안 남았습니다. 이 적정 시간(due time)을 넘기면 중국 복음화는 힘들어질 것입니다. 자본주의의 사생아라고 할 수 있는 부패와 쾌락주의가 중국을 더 깊게 할퀴기 전에 마지막 기회를 잡아야 합니다.

해마다 봄이면 한국에 황사(黃紗)가 찾아옵니다. 2002년 3월, 강원도 원주 치악산 밑에 잠시 머문 적이 있었는데, 그때도 마찬가지였습니다. 그곳까지 중국에서 불어온 황사가 날려 앞이 안 보일 지경이었습니다.

그러나 이런 자연적인 황사 현상보다 더 심각한 것은 영적인 황사 현상입니다. 중국이 지금 같은 속도로 부패하면 그 찌꺼기가 한국으로 다 날아오게 되어 있습니다. 그러면 한국교회도 지독히 고생하게 될 것입니다. 5년밖에 안 남았습니다.

 피터 드러커가 말한 셀프 매니지먼트, 부패를 향해 달리는 자본주의에 브레이크를 걸 수 있는 사회적 기관은 비영리 단체이고, 교회는 대표적인 비영리 기관입니다. 체제가 못하는 사회적 자정을 교회가 해줘야 합니다. 교회가 사회적 행동(social action)을 해야 하고 사회적인 책임(social responsibility)을 자임해야 합니다. 건강한 복음주의적 시각을 가지고 사회적 약자, 외국인의 인권, 여성과 어린이에 대해 관심을 기울여야 합니다. 이렇게 하지 않으면 사회 자체가 부패하고 붕괴합니다. 사회가 없으면 교회가 어디에 설 수 있겠습니까?

## 수선대후

산동성에 있을 때 태산(泰山)에 올랐습니다. 그 다음에 들른 곳은 계림의 곡부라는 곳입니다. 여기에는 우리가 잘 알듯이 공자의 묘가 있습니다. 그리고 재미있게도 곡부에서 40km쯤 떨어진 곳에 맹자의 묘가 있습니다.

중국은 고래로 공자를 왕의 반열에 올려놓았습니다. 곡부의 묘는 거의 왕궁 수준으로 꾸며져 있습니다. 전각을 받치고 있는 기둥에 왕에게만 쓸 수 있는 상징인 용을 그리도록 허락했고, 그 기둥을 전부 비단으로 감싸 놓았습니다.

맹자의 묘는 주성이라는 곳에 있는데 거기서 참 많은 것을 느꼈습니다. 후대인들은 공자를 '지성'(至聖)이라고 합니다. 거기에 비해 맹자는 '아성'(亞聖)이라고 합니다. 공자를 '성인 가운데 성인'으로 치켜세우는 데 반해 맹자는 '성인에 버금간다' 정도로 평가하는 것입니다.

그러나 나는 맹자를 좀 다르게 평가하고 싶습니다. 맹자는 공자의 수십 년 후대 인물입니다. 맹자는 중국의 정신사에서 기막힌 역할을 했습니다. 그는 공자의 사상을 뒷받침하면서도 다음 세대로 건너갈 수 있는 다리의 역할을 한 것입니다.

이런 면에서 맹자는 옹정제와 비슷합니다. 옹정제는 강희제와 건륭제의 중간 다리 역할을 했습니다. 옹정제는 맹자에게 동병상련의 심정을 느낀 모양입니다. 그래서 맹자의 묘에 편액(종이, 비단, 널빤지 따위에 그림을 그리거나 글씨를 써서 방 안이나 문 위에 걸어 놓는 액자)을 내렸습니다. 나는 옹정제가 내린 편액을 보는 순간, 눈이 번쩍 뜨였습니다. 그 글귀가 너무 좋아서 도장으로 새겨 왔습니다. 편액에는 이런 글귀가 새겨져 있었습니다.

"수선대후"(守先待後). 선대가 남긴 좋은 전통과 유산을 지키고 후대를 대우한다는 뜻입니다.

편액의 글이 내게 섬광처럼 와 닿았습니다. '아! 바로 저것이다! 저것이 내가 할 역할이다.' 나는 한국교회의 첫 멘토링 수혜자입니다. 선배들로부터 받은 많은 영적·정신적 혜택을 생각해서라도 후배들을 키워야 할 의무가 내게는 있습니다. 나는 이 보은(報恩)을 시스템과 네트워킹, 그리고 인스티튜트(제도)의 정착과 확충을 통해 이루어 나갈 것입니다.

## 톈산 수로

북경 공항에서 4시간 반 동안 비행기를 타고 우르무치에 도착했습니다. 중국은 지금 서부 개발에 박차를 가하고 있습니다. 한국이 '경제개발 5개년 계획'이라는 계획경제를 했듯이 중국도 경제개발에 열을 올리고 있습니다. 중국의 경제 진로는 서부 개발에 달려 있다고 해도 과언이 아닙니다. 서부 7개 성의 개발 성공 여부가 중국 경제의 장래를 결정할 것입니다.

우르무치에서 다시 자동차로 두 시간 정도를 달리면 투루판이라는 오아시스를 만나게 됩니다.

폴 써로우라는 기행작가는 90년대에 중국을 일주하고 중국기행이라는 책을 썼는데, 거기서 말하기를 투루판처럼 환상적이고 독특하면서도 이방적인 분위기가 나는 곳을 만난 적이 없다고 할 정도입니다.

투루판은 인구 10만 정도의 작은 도시입니다. 여기에는 유명한 특산물이 많이 있지만 이 도시를 정말 유명하게 만든 것은 톈산(天山)으로부터 내려오는 수로입니다.

톈산은 투루판에서 200-300km 떨어진 곳입니다. 위구르족은

이 긴 거리를 한나라 시대부터 지금까지 2천 년 동안 땅 밑으로 수로를 냈습니다. 150-200m를 파고 내려가서 물길이 흐르도록 해놓았습니다.

아마 위성사진을 찍으면 꼭 달의 분화구처럼 흔적이 남아 있을 것입니다. 중국 사람들은 그래서 "땅 위의 만리장성, 땅 밑의 카렌즈"라고 말합니다. 한자로는 '간헐정'(間歇丁)이라고 합니다. 사람 하나가 고개를 숙이고 걸어 다닐 만한 크기의 물길을 수백 km에 걸쳐 낸 것입니다.

투루판이 오아시스가 된 것은 천연천이 있어서가 아니라 텐산으로부터 없는 물을 끌어 당겨 온 결과입니다. 텐산에서 흐르는 차고 맑은 물은 일단 저수지에 저장합니다. 산에서 눈 녹은 물이 바로 내려오니까 그냥 농작물에 뿌리면 냉해로 죽습니다. 그래서 먼저 큰 저수지를 만들어 여기에 물을 일단 가뒀다가 논밭에 뿌렸습니다. 이렇게 해서 사막을 오아시스로 만들어 놓았습니다.

그 수로에 기어들어가면서 착상한 설교가 '사막에서 오아시스를 파라'입니다.

어떻게 하면 우리가 역사의 생수를 길어 올릴 수 있을 것인가, 어떻게 하면 영원히 녹지 않는 저 만년설의 영봉(靈峰)에서 내려오는 물을 이 사막 같은 인생과 세상에 뿌릴 수 있을까를 생각하게 하는 설교였습니다. 우리가 어떻게 살면 사막을 관통하는 수로 같은 인생이 될 수 있을까를 고민하게 하는 설교였습니다.

이렇게 살 수만 있다면 남모르는 희생으로 한평생을 소모한다 해도 하나님 앞에서 보람이 있을 것입니다.

# 운장

중국을 두루 돌아본 후 깨달은 것이 있습니다. 용장(勇將)보다 지장(智將)이 낫고, 지장보다 덕장(德將)이 낫다는 것입니다. 사람들이 보통 여기까지는 알고 있습니다. 그러나 덕장보다 더 나은 것이 있습니다. 그것은 운장(運將)입니다.

운장이란 무엇입니까? 하늘의 눈치를 보는 사람입니다. 하늘의 뜻 앞에 납작 엎드려서 기는 사람이 운장입니다. 중국 사람들이 하늘의 뜻, 하늘이 낸 사람이라 말할 때 바로 이런 생각을 가지고 있는 듯합니다.

운장은 어떤 면에서 기독교의 핵심사상과도 맥을 같이 합니다. 하나님 앞에서 낮아짐으로 능력이 배가되는 종교는 기독교뿐입니다. 헨리 나우웬의 말처럼 눈물의 길이 기쁨의 길로, 굴욕의 길이 부활의 길로, 은밀한 길이 만인에게 비추일 빛된 길로 바뀌는 것이 운장의 기독교적 버전입니다.

# 모택동이 '나의 스승'이라고 부른 사람

중국의 심장부인 북경에 들어서면 반드시 천안문 광장을 만나게 됩니다. 광장에 들어서는 사람이라면 한 사람도 예외 없이 만나게 되는 인물이 있는데, 천안문에 육중하게 걸려있는 사진 속의 모택동이 바로 그 주인공입니다. 그 사진을 보면 모택동의 북경입성기를 떠올리게 됩니다.

1949년 모택동이 장개석의 국민당을 몰아내고 역사의 주인공이 되어 북경으로 들어서던 그 날, 그의 가슴을 채운 것은 승리의 환호성이 아니라 이미 오래 전에 세상을 떠난 한 사람에 대한 감회였습니다. 역사적인 승리로 인해 누구보다 들떠 있어야 할 순간, 모택동은 그 '한 사람'을 기억하면서 회고에 잠겼습니다. "그의 가르침과 교화가 없었더라면 나는 지금도 어디로 가야 할지 몰라 마냥 헤매고 있을 것이다." 그 날의 자신을 있게 했던 그 '한 사람'을 생각하면서 모택동은 자신의 절절한 심경을 측근에게 그렇게 토로했습니다.

중국 역사의 주인공으로 우뚝 선 사람은 모택동이지만, 그를 중국 역사의 주인공으로 우뚝 서게 한 그 '한 사람'은 이대소(李大釗)였다는 사실을 아는 사람은 그리 많지 않습니다.

  이대소가 모택동의 정신적 지주로 자리 잡은 것은 단지 사상적인 영향 때문만이 아닙니다. 모택동이 이대소를 '나의 스승'이라고 한 배경에는 그의 희생적인 죽음이 있었습니다. 1927년 그는 당시 만주지역의 군벌이었던 장작림에게 체포되었고, 온갖 회유에도 불구하고 끝까지 굴하지 않음으로 20일만에 처형되었습니다. 이대소가 사상적으로 모택동에게 영향을 주었더라도 그가 삶으로 입증하지 못했더라면 결코 모택동의 스승이 될 수 없었을 것이며, 모택동 역시 중국인의 기억 속에 자리 잡지 못했을 것입니다.

  동서고금을 막론하고, 사상적인 색깔의 차이에도 불구하고, 세상만사 공통된 사실은 진정한 스승은 죽음까지 각오하는 헌신과 희생이 있어야 한다는 것입니다.

## 공생

우리가 각박할 수밖에 없는 이유가 있습니다. 여유, 즉 나눠 먹을 파이(pie)가 적기 때문입니다. 그러니까 죽기 살기로 싸웁니다.

중국은 14억 인구 가운데 최소한 1억은 잘 삽니다. 과거 명청(明淸) 시대에도 2-3억 가운데 2-3천 만은 잘 살았습니다. 즉, 전체 인구의 10퍼센트만이라도 여유가 있는 것입니다.

우리 나라는 그런 적이 없습니다. 부유층이 언제나 백만 단위 아래였습니다. 그러니까 각박하기 짝이 없고, 그래서 서로 물고 뜯고 싸웁니다. 중국같이 여유 있는 나라가 공산화되고, 각박하고 여유 없는 남한이 공산화가 안 된 게 기적입니다.

## 인물

중국 공산당은 부패했지만 중국의 최고 권력자들에게는 역사적인 소명의식이 있습니다. 적어도 50년 혹은 길게는 100년 앞을 내다봅니다. 마오쩌둥(毛擇東), 저우언라이(周恩來), 덩샤오핑(鄧小平), 주룽지(朱鎔基) 등 최고 권력자들은 50년 앞을 내다보았습니다. 중국 공산당은 사람을 인물과 비인물로 구별할 수 있는 스크린 시스템을 가지고 있습니다.

한국교회에 이런 자정 시스템, 인재 양성 시스템이 있는지 물어야 합니다. 한국 사회는 선대의 강점을 이어받지 못하는 경향이 있습니다. 고려상감청자를 만드는 도공이 세상을 떠나자 그날로 고려상감청자의 비법이 땅에 묻혀 버린 것이 우리의 역사입니다. 기업이나 기업가가 한 세대가 되기 전에 퇴출되는 이유가 무엇입니까? 사람을 키우지 않았기 때문입니다.

포춘지 조사에 의하면 지난 2002년까지 4년 연속 세계에서 가장 존경받는 기업 1위를 차지한 곳은 'GE'(제너럴 일렉트릭)입니다. 그 기업의 최고경영자는 회사를 위해 일하는 시간의 대부분을 인물을 찾는 데 사용합니다. 당시 회장이었던 잭 웰치는

"내 업무의 70퍼센트는 인재를 발굴하는 데 사용된다"고 밝혔습니다. 그의 사무실에는 "전략보다 사람이 우선한다"는 격언이 붙어 있습니다.

한국은 교회든 나라든 인재를 키워야 살 수 있습니다. 경제 공황보다 인재 공황이 더 무섭습니다. 인재 공황이 들면 시대의 농사를 망칠 수밖에 없습니다. 중국 공산당이 인재를 가려내는 스크린 시스템을 가지고 있다면, 교회는 하나님의 영광을 위해 이보다 더 해야 하지 않겠습니까!

## 노회한 전문가

6년 전 북한을 방문했을 당시 북한은 곧 망할 거라고 했습니다. 그러나 망하지 않았습니다. 이념을 핑계 삼아 사리사욕을 채우는 못된 작자들도 있지만, 북한에도 김책 공과대학이나 김일성 대학 출신의 기술 관료들이 버티고 있습니다.

북한의 외교를 몇 십 년째 잡았던 김용순 같은 직업 외교관을 보십시오. 걸핏하면 외교통상부 장관을 바꿔 대는 우리 나라보다 낫지 않습니까? 이렇게 노회한 전문가들과 국제 외교 무대에서 싸우려다 보니 역부족이 드러날 수밖에 없는 것입니다.

## 당원과 제자

　　　　　중국에서 공산당원이 되려면 마치 우리의 제자훈련과 같은 과정을 통과해야 합니다. 당원 지원자는 먼저 당원 신청서를 냅니다. 이 신청서가 받아들여지면 입당 소개인이 감시원으로 매일 생활지도를 하여 한 달에 한 번씩 보고서를 올립니다. 교회에서 쓰는 말로 하면 간증문을 제출하는 것입니다. 벌써 여기서 수많은 지원자들이 탈락합니다. 그러니까 중국 공산당원의 수가 전체 인구의 5퍼센트도 안 되는 것입니다. 이 숫자는 바닷물에서 염기가 차지하는 비율 정도밖에 되지 않습니다. 소수의 모범으로 전체의 부패를 방지하자는 개념인데 이는 기독교를 모방한 것 같습니다. 사실 저우언라이의 생활방식은 거의 기독교인의 삶에 가까웠다고 합니다. 그는 인내와 사랑을 신조로 삼았던 사람입니다. 그리고 마오쩌둥을 하나님처럼 섬겼습니다.

　1년 간의 생활지도에서 통과되고 과오가 없으면, 전체 당 심사를 거쳐서 예비당원 자격을 부여합니다. 이 때 역시 1년이 소요되는데 지난 1년간의 심사보다 더 엄격하게 심사합니다. 정말 공산당 강령대로 사는지 봅니다.

이렇게 1년간 지켜 보고 하자가 없으면 정식 당원이 됩니다. 공산당원이 되면 전 세계 인류의 해방을 자신의 삶의 목적으로 선서합니다. 한국의 진보주의자들은 북한 공산당원들이 남조선의 해방, 곧 적화통일을 날마다 선서하고 있음을 기억해야 합니다.

 입당이 결정되면 직장을 알선하는 등 특혜를 주는데 작은 권력이라도 생기면 부조리가 나옵니다. 이런 부작용을 감지했는지 중국 공산당은 남자 60세, 여자 55세에 예외 없이 은퇴시킵니다. 중국 고사에 '무사가 죽음을 두려워하지 않으면 나라가 편안하고 문사가 재물을 탐하지 않으면 백성이 편안하다.'는 말이 있는데, 아무튼 중국은 양질의 공산당원을 육성하는 일에 명운을 모두 건 것 같습니다.

# 미래 예측

중국의 정치 지도자들에게는 시대를 미리 내다보는 혜안이 있습니다. 이것은 정치적 신념과 종교를 떠나서 배워야 할 점입니다. 예를 들어 마오쩌둥이 덩샤오핑을 세울 때 상당히 긴 안목을 가졌다고 합니다. 마오쩌둥은 덩샤오핑을 세 번이나 숙정 대상으로 삼았습니다. 후세는 이 일을 두고, 이 세 번의 숙정이 결국 덩샤오핑을 살렸다고 평가합니다. 처음부터 잘 나가면 사람이 촐랑대다가 죽으니까 미리 숨을 죽여준 것입니다. 마오쩌둥은 덩샤오핑의 시대가 올 줄 알고 연단을 시킨 것입니다. 50년 정도 시간이 흘러 보니까 이런 해석이 가능합니다.

마오쩌둥은 원래 린뱌오(林彪)를 후계자로 삼았습니다. 린뱌오는 마오쩌둥에 대한 전적인 충성심, 군사 작전에서 보여준 천재성으로 일찌감치 후계자 물망에 올랐습니다. 그는 전력이 월등한 장개석의 국민당을 세 번이나 무찔렀습니다.

그러나 지나치게 똑똑하면 화가 되는 법입니다. 나중에 린뱌오는 마오쩌둥을 암살할 계획을 세웠다가 이를 미리 알아차린 마오쩌둥에게 오히려 뒤통수를 맞습니다. 마오쩌둥은 똑똑한 린뱌오가 자기에게 대항할 것을 알고 기차로 지방을 여행하면서도 차 안에서 나오지 않았습니다. 그리고 오히려 린뱌오에게 역습을 가해 그를 처단했습니다.

## 현장성과 정통성

비 한족(漢族)으로서 중국 공산당 정부 창설에 혁혁한 공을 세운 한국인이 있습니다. 조남기라는 분인데 우리 식으로 따지면 3성 장군에 총무처 장관쯤 되는 자리를 차지했습니다. 이분의 별명은 '무쇠팔뚝 조남기'입니다. 연변 자치주 주장을 하면서 훌륭하게 역할을 감당했고 길림성장을 하면서 경제를 일으켜 세웠습니다. 무엇보다도 혁명 1세대로서 한국전쟁에도 참전한 역전 노장입니다. 혁명 주창자들과 함께 뛰었기 때문에 거기서 오는 정통성이 파워로 작용했습니다.

# 기반 다지기

정치든 사역이든 기반이 없으면 거쳐 가는 정거장 밖에 될 수 없습니다. 마오쩌둥 이후에 등장한 쟁쟁한 중국의 정치 지도자들 가운데 화궈펑(華國鋒), 자오쯔양(趙紫陽) 등을 떠올려 보십시오. 이런 사람들은 기반이 없었기 때문에 오래 가지 못했습니다. 그러나 덩샤오핑이나 장쩌민(江澤民)에게는 영도권이 넘어가도 안정을 취할 수 있는 기반이 있었다고 합니다.

한국 정치도 마찬가지입니다. 정치적 기반이 탄탄한 대통령 후보들이 나오고, 그런 이들이 대통령이 되면 한국도 안정될 것입니다.

## 개혁의 수순

지금까지 나는 톈안먼(天安門) 사태를 서구적인 시각으로 보았습니다. 그러나 중국을 여행하면서 중국 학생들과 토론할 기회가 있었는데 그 후로 좀 달라졌습니다.

톈안먼 사태가 일어날 당시 수십 만의 대학생들이 북경으로 몰려왔습니다. 북경에 있는 대학뿐 아니라 지방대학의 대표 학생들도 다 올라왔습니다. 당시 중국의 지도자는 자오쯔양이었는데, 학생들이 민주화를 요구하며 단식한다고 할 때 자오쯔양이 눈물을 흘렸다고 하니까 덩샤오핑이 그를 해임했다고 합니다.

만약 그때 정치적 기반이 없는 자오쯔양이 계속 국가 권력을 잡고 있었으면 아마 지금쯤 중국은, 러시아가 고르바초프의 페레스트로이카 정책으로 큰 혼란을 겪었듯이, 국가적 대란을 만났을 것이라고 모두들 평가합니다.

덩샤오핑은 톈안먼 사태를 주동하는 지도부 학생들의 배후에 서방세력이 있다고 믿었습니다. 그래서 대대적인 탄압을 가한 것입니다. 개혁파가 민주개혁을 요구하는 학생들을 탄압한 대단히 이례적인 사건이었습니다.

 이 사건으로 중국의 지식층과 대학생들은 덩샤오핑을 '소병'(小甁), 즉 '작은 병'이라고 부르며 싫어했다고 합니다. 재미있는 것은 중국어로 '샤오핑'(소평)이나 '소병'이 같은 발음이라는 것입니다. 길림, 신강성 등에서는 학생 운동하는 이들이 작은 병을 가져다가 끈에 묶어 질질 끌고 다녔습니다. 이것이 당대의 평가였고 시각이었습니다. 그러나 지금은 덩샤오핑의 탄압을 위대한 정치적 결단으로 보는 시각이 우세합니다.

 당시 지도부 학생들의 대다수는 하늘의 별 따기보다 더 어렵다는 미국 비자를 이미 다 가지고 있었습니다. 그러자 덩샤오핑은, "이건 아니다. 중국은 이런 식으로 개방 개혁의 길을 갈 수 없다."고 하며 학생들을 탄압했습니다. 지도부 학생들은 이미 미국으로 다 건너가고 결국 순수한 학생들만 희생된 것입니다.

## 역사와 역설

둔황(敦煌)에 가보았습니다. 거기에는 막고굴이라는 유명한 유적지가 있습니다. 수천 개에 달하는 굴 속에 국보급 문화재들이 즐비했습니다. 옛날 세계사 책에서 배운 반초의 서역 반정기가 떠올랐습니다. 박물관에서 2천 년 전 서한, 전한 시대의 신발을 보았는데 입을 다물 수 없을 정도로 정교하고 고급스러웠습니다. 100년 전 한국은 짚신을 신고 다녔는데 2천 년 전에 이렇게 아름다운 신발을 신고 있었던 나라, 중국……. 참 대단하다고 느꼈습니다.

동굴 안의 어떤 그림과 불상들은 많이 훼손되기도 하고 또 도둑 맞기도 했습니다. 독일이 1900년 초와 1924년에 훔쳐 갔고, 미국, 구체적으로 하버드 대학도 이 문화재 약탈전에 끼었습니다. 중국인들은 없어진 벽화 대신 사진을 찍어 걸어 놓은 후, 그 밑에 이렇게 써 놓았습니다. '하버드에서 가져갔음.' '독일에서 가져갔음.' 이러한 막고굴의 도난 유물은 5만 점에 이른다고 합니다. 프랑스와 영국도 상당수의 유물을 가져갔다가 약 60점 정도를 반환했습니다.

문화재 약탈은 한 겨레 국가의 자존심을 짓밟는 행위임에 틀림없습니다. 그러나 혹자는 이렇게도 말합니다.

"만약 그 유물들이 막고굴에 있었으면 그대로 남아 있었겠는가? 아마 문화혁명 시대에 홍위병들이 다 훼손했을 것이다. 그나마 대영박물관이나 하버드에서 가져갔으니까 보존되고 있는 것이다."

이 말은 결국 무엇입니까? 자국이 가치를 몰라 보호 못할 뻔한 역사 유물을 우리가 보호하고 있다, 그런 의미가 되는 것입니다. 역사의 역설을 느끼게 하는 대목이 아닐 수 없습니다.

## 이미지

중국 사람들은 역대 리더십에 관해, 마오쩌둥은 산, 저우언라이는 물, 덩샤오핑은 길이라고 합니다. 아주 재미있는 표현입니다. 그런데 중국의 정치 지도자들을 놓고 볼 때 표정이 밝았던 사람들은 끝도 좋았습니다.

얼굴 표정이 괜스레 어둡게 보였던 지도자, 류사오치(劉少奇)나 펑더화이(彭德懷) 같은 인물들은 홍위병들에게 무참히 살해됐습니다.

사람의 표정이란 이미지의 단초가 아닐까요?

세계 최고의 기업들은 이런 의미에서 이미지 관리에 성공한 것입니다. 그중에 '나이키'(Nike)가 대표적일 것입니다. 사실 나이키는 미국에서 별로 큰 회사가 아닙니다. 미국 내에 생산 기지가 없습니다.

나이키 본사는 철저하게 이미지 관리만 합니다. '땀 흘리는 인생, 보람 있는 인생.' 이것이 나이키가 붙들려는 핵심 가치입니다. 이 핵심 가치를 광고를 통해 관리하고, 하청 공장은 중국, 인도네시아 등지에 다 흩어놓았습니다. 판매도 외부 위탁(outsourcing)

을 합니다.

현대 교회에도 이런 전략이 필요하다고 생각합니다.

'미소가 담긴 사역.'

이런 전략적 개념을 개발하고 이미지 관리를 해야 합니다.

## 양손 이론

나는 수선대후(守先待後)를 이렇게 해석했습니다.

'40세가 지나면 두 팔을 크게 벌려야 한다. 한 팔은 하나님의 은총을 향해 힘껏 내밀고, 다른 한 팔은 선배와 후배들을 향해 힘껏 내밀자. 하나님이 내게 원하시는 비전과 소명에 귀 기울이는 한편, 재능 있는 선배와 후배들의 꿈에 귀를 기울이자. 그리고 언제나 그 둘이 연결되고 화합할 때 새로운 길이 열림을 기억하자.'

신앙에서 나오는 따뜻한 인간성과, 동시에 경쟁력 있는 커리어를 갖춘 사람을 오늘도 꿈꿉니다.

## 브릿지 빌더

후진타오(胡錦濤, 21세기 중국정치의 핵심인물로 떠오른 정치가. 중국 국가부주석 겸 중앙군사위원회 부주석)는 시대의 연결고리, 브릿지 빌더(Bridge Builder)입니다. 그가 살얼음 정치판에서 어떻게 생존해 나가는지를 배우면 참 유익할 것입니다. 후진타오는 상황을 이해하고 문제를 해결할 때 언제나 기본 노선에 의거합니다. 원칙과 정통성에 두 발을 딛습니다. 그러나 예측성, 창조성을 결코 무시하지 않습니다. 자신에게 무척 엄격할 뿐더러 항상 인민과 격의 없는 관계를 유지합니다. 또한 당의 단결과 통일을 강조합니다.

사실 마오쩌둥의 혁명 이론이 중국에 맞습니까? 그렇지 않습니다. 후진타오 정도 되면 얼마든지 마오쩌둥을 비판하고 부정할 수 있을 것입니다. 그러나 그는 그렇게 하지 않았습니다.

그는 늘 마오쩌둥의 어록에서 자기가 하고 싶은 말을 찾습니다. 그리고 덩샤오핑의 이론을 강도 높게 학습합니다. 자신을 그 이론의 철저한 해석자로 자처합니다. 후진타오야말로 중국적 실사구시를 정치 현장에 예술적으로 적용하고 있는 초절정 실용주의자라고 생각합니다. 정치 천재라고 해도 틀리지 않습니다.

## 우물 안 개구리

중국이 하늘을 찌를 듯한 강건성세를 지켜 내지 못한 이유는 무엇입니까? 자만입니다. 강희, 옹정, 건륭제를 지나며 급격히 국력이 퇴락한 이유는 서구의 무역 제의를 거절한 데서 찾을 수 있습니다.

당시 청의 조정은 영국의 무역 제의를 거절하고 "조공이라면 받아주겠다. 우리 나라에는 없는 것이 없다. 우리는 한나라 시대에 벌써 만 명으로 구성된 선단을 파송한 나라다." 하고 거만을 피웠습니다. 교만은 패망의 선봉입니다.

# 태평성세는 없다

강희, 옹정, 건륭제는 모두 장남이 아니었습니다. 중국에서 장남이 아닌 세자가 태자로 책봉된다는 것은 엄청난 긴장을 시사합니다. 그리고 선대 황제들로부터 얼마나 혹독한 훈련을 받는지 모릅니다. 밖으로 내몰려 황도에 들어올 수도 없습니다. 그들은 1-2년씩 여행을 다니면서 고생도 하고 목숨의 위협도 당했습니다. 그렇게 하면서 지방에 인맥을 만들었습니다. 이 인맥은 공식적인 지휘 계통에 있는 사람들이 아니라 일종의 기무 요원 역할을 했습니다.

지방에 심겨진 황제의 측근들은 황제 앞으로 발주문을 보냈습니다. 하룻밤에 600리를 달릴 수 있도록 역참제도를 만들어서 아무리 오지라도 3, 4일이면 황도로 긴급 전문이 들어올 수 있도록 조치했습니다. 기록에 의하면 강건성세에는 매일 발주문이 올라왔다고 합니다. 그리고 특별히 옹정제는 많을 때는 하루에 5만 자씩 발주문을 읽었다고 합니다. 하루에 잠을 3시간밖에 못 자면서 '주비'라고 빨간색으로 일일이 코멘트를 달아 회송했다고 합니다. 이렇게 너무 열심히 일을 하다가 정신착란증세를 보여 즉위 13년 만에 골병이 들어 죽고 맙니다.

　상황 자체가 좋아서가 아니라 고난의 한가운데를 통과하면서도 이런 성세를 이룩했습니다. 사역도 마찬가지입니다. 나도 '왜 나만 이렇게 어려워야 하나?' '왜 꼭 나에게만 이런 상황이 닥치는가?' 하고 한탄하며 가슴 졸이던 세월이 1, 2년이 아닙니다. 그러나 미국 사역을 접고 한국으로 들어온 길목에서야 깨닫게 됐습니다. 하나님의 일이나 역사에 빛을 던지는 사람치고 가슴 태움과 마음 졸임 없이 성세를 이룩한 사람은 아무도 없다는 것을 말입니다.

**하버드,** 세계 최고의 지성 요람에 객원 연구원으로 머물며 들여다본 지성과 다원에 관한 조감. 이들은 시대의 이름으로 무엇을 어떻게 가르치고 있으며 우리는 어떤 도전을 받아야 하는가?

작은 사건 하나도 문학, 사상, 철학의 조명 없이는 함부로 행동하지 않는 지성. 거듭난 학문은 가능한가? 한국 기독교는 문사철(文學, 歷史, 哲學)과 얼마나 친해질 수 있을까?

불 받은
### 문사철을 꿈꾸며

## 배움의 원풀이

1995년에 1차 안식년을 가졌습니다. 안식년은 단지 일을 하지 않는 기간이 아닙니다. 의식의 프레임(frame)을 리프레쉬(refresh)하는 것이 안식년의 목적이라고 생각합니다. '어떻게 하면 의식의 리프레쉬를 할 것인가?' 이 문제를 놓고 기도하다가 2001년 10월쯤에 하나님께서 번뜩이는 아이디어를 주셨습니다.

'그렇다. 하버드에 가서 의식의 리프레쉬를 한번 해보자.'

마침 주변의 권유도 있고 해서 하버드 대학에 펠로우(resident fellow)를 신청했습니다. 학교에서는 나에게 레지던트 펠로우 자격을 주면서 입학을 허락했습니다. 이미 Ph.D를 받은 나로서는 일종의 박사 후 과정을 밟게 된 것입니다. 특기할 만한 것은 나를 미국의 종교 지도자들 4명 가운데 한 명으로 뽑아 연구과정에 들어오도록 허락했다는 것입니다. 하버드는 매년 전통적으로 미국인 대표, 여성 대표, 흑인 대표, 제3세계인, 특히 아시아인 대표, 이렇게 네 명을 뽑아 종교 지도자로서 특별 연구 과정에 들어오도록 허락하는 것 같습니다. 그런데 내가 아시아인 대표로서 그 자리를 채우게 된 것입니다.

이렇게 된 데에는 그간의 사역에 대한 외부의 평가를 하버드 측이 인정한 면이 큽니다. 오렌지카운티의 레지스트라고 LA타임즈와 쌍벽을 이루는 큰 신문이 있는데 남가주 사랑의교회 이야기를 전면기사로 다룬 적이 있습니다. 또한 LA타임즈에도 교회 기사가 나간 적이 있습니다. 바이올라 대학에서 발행하는 저널인 바이올라(*Biola*)나 크리스챤 워십퍼(*Christian Worshiper*) 등 미국의 유명한 저널과 잡지에 기사가 실리기도 했습니다. 이런저런 이유로 하버드는 나를 연구원 자격으로 받아들였습니다. 하버드에서는 1년을 허락했지만 시간이 안 되어 2002년 8월부터 2003년 2월 28일까지 만 7개월 정도의 기간 동안 집중해서 연구에 몰두했습니다.

하버드에서 정말 지성의 욕구를 원 없이 푼 것 같습니다. 마음이 감동될 만큼 의식을 새롭게 하는 강렬한 지성의 햇볕을 쪼였습니다. 7개월이라는 짧은 기간이었지만 뛰어난 통찰과 혜안을 얻었습니다. 내 생애 마지막으로 학생증을 가지고 보낸 학생시절입니다. 내 사역과 인생을 깊이 성찰하고 학문에 대한 식욕이 회복되는 시기가 되었습니다.

# 주류의 침묵

하버드의 특징은 지성주의와 다원주의입니다. 한마디로 완전한 용광로(melting pot)이지요. 하버드에서 얻은 유익 중에 하나는 여러 색깔을 포용하는 관용주의입니다. 물론 복음주의적 관점에서 혼합주의를 관용하겠다는 뜻은 아닙니다. 그러나 다른 색깔과 내 것을 비교하면서 내가 어떤 사상적 토양 가운데 성장했는지 DNA 지도를 해독할 수 있었습니다.

그러나 하버드에서 느낀 다원주의의 폐해는 참으로 심각했습니다. 그것을 단적을 보여 주는 예가 있습니다. 2002년 9월 11일, 9·11 테러 1주기 추념식을 가졌습니다. 거의 수천의 사람들이 하버드 메모리얼 채플 광장으로 모였습니다. 추모예배라고 해서 기독교식 예배를 생각하고 앞자리에 앉았습니다. 하버드 대학이 어떤 대학입니까? 존 하버드 목사가 세운 대학 아닙니까? 그런데 깜짝 놀랄 일이 벌어졌습니다.

유대교 랍비가 양뿔 나팔을 불면서 예배의 초대(call to worship)를 합니다. 이어서 이맘이라는 이슬람 교도가 나와 환영사를 합니다. 그 다음 티베트 라마승과 힌두교 사제가 나와 주문을 외웁니다. 소설책에만 나오는 줄 알았던 조로아스터교 사람들이 나와서 그들의 신(神)인 아후라 마즈다를 부르고 경전(아베스타)을 읽습니다. 한 동양계 학생이 불교 경전을 낭독합니다. 이어서 힌두교의 우파니샤드를 낭독합니다. 그리고 기독교인이 나옵니다. 로마서 8장 35-39절만 달랑 낭독하고 들어갑니다. 미국의 종교사회적 주류가 기독교인데 여기에서는 기독교가 십분의 일도 안 되는 역할을 하는 것이었습니다. 주류인 기독교는 뒷전으로 밀리고 소수에 불과한 온갖 동양 신비종교들이 판을 칩니다. 주류는 침묵하고 나머지는 목청을 높입니다.

# 실력으로 무장한 복음주의자

예식이 끝나자 하버드 대학 총장의 조사가 이어졌습니다. 그의 연설을 나는 이렇게 기억하고 있습니다.

- 우리는 9·11 사태로 가족을 잃은 사람들을 기억한다. 무고한 죽음을 기억한다. 죽인 사람들의 악을 기억한다. 여기서 우리가 진리를 찾게 도와달라. 나라에 대한 헌신을 새롭게 해달라. 다양한 민족이 모인 이 나라가 공동선과 공동목적을 찾을 수 있도록 해달라. 그리고 동시에 우리가 세상을 섬기는 길, 목적이 훼손되지 않도록 도와달라. 하버드의 모든 지식이 정의를 위해 사용될 수 있게 해달라. 이것이 9·11 사태를 통해 우리가 배우고 살려야 할 정신이다. -

하버드에서 열린 9·11 테러 추념식을 지켜보면서 다양성과 다원의 시대에 어떻게 개인적인 영적 성장을 이루고 한국교회의 미래를 확인할 수 있는가, 시대의 지성과 역사에 앞서 무엇을 바라보고 꿰뚫어 내야 할 것인가, 이것을 큰 숙제로 안게 됐습니다.

이 일이 있은 얼마 뒤 '비전 뉴잉글랜드'(Vision New England)라는 사역에 초대를 받았습니다. 미국 청교도의 원산인 매사추

세츠 일대가 종교 다원주의의 온상이 되고 복음의 능력을 목도할 수 없는 지역이 되는 것을 보고 안타깝게 생각한 복음주의자들이 지역 부흥을 위해 뭉쳤습니다. 로버트 콜만, 해돈 로빈슨, 고든 맥도날드 등 미국 교계 지도자들 중 뉴잉글랜드에 사는 복음주의자들이 결집한 것입니다. 신학교, 방송국, 출판사 그리고 교회와 기독교 봉사 기관들이 힘을 합치기로 했습니다.

4, 5백 명이 모인 이 모임에서 나는 한 줄기 빛을 보았습니다. 그리스도의 피의 복음을 원시종교의 신화 정도로 격하하는 시대, 복음을 타 종교의 세계관에 적당히 섞어서 보편적인 인간 가치의 교훈 정도로 삼으려고 하는 시대의 조류 속에서 어떻게 복음의 능력을 변증하고 세워 나갈 것인가? 이러한 문제의식에 서광을 비춰 주는 자리였습니다.

나는 앞으로 한국교회나 이민사회에 '비전 뉴잉글랜드'에서 얻은 통찰을 접목해 보고자 합니다. 비전 서울, 비전 로스앤젤레스, 비전 한국의 젊은 세대, 이런 식으로 사역의 동심원을 넓혀 나갈 수 있을 것입니다.

## 영혼, 민족, 선교

어느 날 하버드 대학 안에 있는 하버드 대학 선교회에서 내게 특별 연설을 부탁했습니다. 그때 나는 내가 살아온 역정과 꿈에 관해 이야기하면서 목회자로서 세 가지 꿈을 말했습니다.

첫 번째, 제자훈련의 꿈입니다. 미국 내 3천여 이민교회와 전 세계에 흩어져 있는 천여 곳의 이민교회 가운데 십분의 일 이상이 제자훈련하는 교회로 세워질 때 이민교회가 자정능력을 가지고 시대 앞에 역할을 감당할 수 있다고 봅니다. 그래서 나는 남가주 사랑의교회가 12명으로 시작해서 6천여 명의 신자가 모일 수 있었던 제자훈련의 비전을 말했습니다. 아울러 제자훈련을 이 시대 앞에 어떤 식으로 업그레이드시킬 것인지 포부를 밝혔습니다.

두 번째, 민족 정체성을 지닌 목회의 꿈입니다. 성경의 모든 위대한 인물들은 이민자였습니다. 아브라함, 이삭, 야곱, 요셉, 모세, 다니엘, 바울 모두 이민자였습니다. 이민자로서 하나님의 구원 경영에 의미심장하게 쓰임받으려면 한국교회의 강점인 열정,

헌신, 전적 위탁, 희생과 더불어, 미국교회의 강점인 합리성과 성실성을 잘 조화할 수 있어야 합니다. 한마디로 가장 한국적인 것이 가장 세계적인 것이 될 수 있는 사역을 찾아내려 한다고 말했습니다.

제일 중요한 꿈은 세 번째입니다. 그것은 선교적 정체성을 지닌 사역입니다. 유럽교회의 쇠퇴를 누가 막아 줬습니까? 유럽 출신 미국 이민성도들입니다. 유럽교회가 망해 가는 것을 누가 살렸습니까? 유럽 출신 미국 이민교회입니다. 예를 들어, 네덜란드 이민자들은 미국에 와서 기독개혁교회(Christian Reformed Church; CRC)를 세웠습니다. 독일 이민자들은 루터교회(Lutheran Chruch)를 만들고, 스코틀랜드 이민자들은 스코틀랜드 장로교회(Presbyterian Church)를 이식했습니다. 이뿐입니까? 영국인들은 미국에 감독교회(Episcopal Church)를, 스웨덴 사람들은 스웨덴 언약교회(Swedish Covenantal Church)를 만들었습니다. 미국 이민자들이 세운 교회가 당시 세계교회를 살린 것입니다.

나는 한국 이민자들이 세운 교회 역시 세계교회에 기여할 수 있다고 믿습니다. 우리는 일본교회나 중국교회처럼 되지 않습니다. 한때 융성하다가 약해지지 않을 것입니다. 민족적 정체성을 지닌 교회로서 의식을 심어 주고 선교적 정체성을 강조하여 그

역할을 감당하기만 하면 앞으로 이민교회를 통하여 세계교회에 역사적 기여를 할 수 있을 것입니다. 한국교회는 앞으로 북한, 일본, 중국 그리고 더 나아가 인도까지 맡아야 합니다. 하나님의 구원 경영에서 제사장 노릇을 제대로 하면 세계인구의 반을 살리는 쾌거를 이룩할 수 있습니다.

# 복음의 네트워킹

하버드에 머물면서 배운 아주 좋은 교훈 중 하나는 연합 정신입니다.

IBTS라는 기관이 있습니다. 보스턴 신학대학원 기구(Institute of Boston Theological Seminaries)라고 할까요? 보스턴 지역에 있는 굵직한 신학대학원들의 네트워크입니다. 하버드 신학대학원, 보스턴 신학대학원, 웨스턴 제수이트(Western Jesuits) 신학대학원 등 쟁쟁한 학교들이 연맹을 이뤄 연구 정보를 교환하고 도서관을 공유하고 있습니다.

더 놀란 것은 내가 졸업한 신학교인 탈봇(Talbot)과 앞서거니 뒤서거니 하면서 미국 복음주의를 이끌고 간다는 고든 콘웰(Gordon Cornwell) 역시 이 연맹에 들어와 있었다는 점입니다.

앞으로 우리도 총신, 고신, 합신, 침신, 장신, 이렇게 나뉘어 있지 말고 복음주의 정신이 있으면 서로 연합, 공유해야 할 것이라는 시사를 받았습니다. 웨스턴 제수이트는 가톨릭 전통에 서 있고 고든 콘웰은 복음주의 가운데서도 복음주의라고 할 수 있는

데 이 둘이 신학적 지성을 공유하고 있었습니다. 이렇게 하면 수준이 같이 높아집니다. 우리가 없앨 수 있는 게 아니면 장점을 보고 네트워킹해야 합니다. 저쪽의 고수(高手)에게서 듣고, 배울 게 있다면 얼마든지 그렇게 해야 하는 것입니다.

## 원리의 전수

고든 콘웰을 방문한 날, 세계적인 전도학자 로버트 콜먼의 특강이 있었습니다. 그는 과연 큰사람이요 국제적인 설교자이며 저술가였습니다. 그의 저서 주님의 전도계획(*The Master Plan of Evangelism*, 생명의말씀사)은 세계 96개 국어로 번역되었습니다. 그날 그의 강연은 변하는 방법론이 아니라 변하지 않는 원리를 유감 없이 보여 주었습니다.

그의 강연을 들으면서, 나는 제자훈련 신봉자로서 제자훈련이라는 원리에 어떻게 시대의 옷을 입힐 수 있을지 다시금 고민하게 됐습니다. 이 시대의 문제는 원리의 흔들림입니다. 기본이 흔들리는 것입니다. 이럴 때일수록 원리와 핵심을 잡는 게 중요합니다. 예를 들어 사역의 성육신화(incarnation)를 생각해 봅시다. 성육신의 원리는 무엇입니까? 예수님이 종이 되신 것입니다. 따라서 우리 역시 종의 정신을 유지할 때 많은 사람들이 제자로서 살아갈 수 있는 기회를 제공하게 됩니다. 종의 정신으로 서 있을 때 상대방의 필요에 대한 동감이 일어납니다. 이러한 감정이입이 일어나야 상대방 마음의 안방에 침투할 수 있습니다.

한 영혼, 한 개인이 지닌 구체적인 영적 필요에 대해 실제적인 책임감을 느끼는 것, 이것이 제자훈련의 기본 원리입니다. 이 기본 원리를 붙들고 승법 번식(multiplication), 선택(selection), 위임(delegation)이라는 방법론을 되짚어 나가야 할 것입니다. 우리가 원리에서 흔들리지 않을 때 비로소 승법이 이루어집니다.

하버드 박사과정에 있는 연구원이 이런 이야기를 했습니다.

"일본의 논문은 그 논문대로 연구를 하면 결과가 그대로 나오지 않습니다."

이유는 논문의 핵심을 공개하지 않기 때문입니다. 그것이 비법이라고 생각하면서 전수를 안 해주려는 것입니다. 고려청자의 기술이 전수되지 못한 것도 마찬가지 이치입니다. 비법을 알고 있는 사람이 죽어 버리면 기술 전수가 안 되는 식이 되어서는 곤란합니다. 이에 비해 미국은 철저하게 실용적이며 투명합니다. 미국은 어디든 지도와 주소만 있으면 찾아갈 수 있습니다. 나는 이것이 기독교 정신이라고 봅니다. 성경은 비법을 전수하는 자에게 더 많은 은혜를 약속합니다. 제자훈련 사역도 흔들림 없이 시대를 관통할 수 있는 비법을 전수할 수 있어야 합니다.

## 강의의 집중력

하버드에서 들은 모든 수업이 강렬한 인상을 남겼지만 그중에서도 하버드 행정대학원인 케네디 스쿨(Kennedy School)에서 받은 젠즈 박사의 수업은 잊을 수 없습니다. 그는 조직론(organization)을 가르쳤는데 수강 인원은 40명 정도였습니다.

한 학기 내내 수업의 핵심이 상기되도록 20장 정도의 차트를 시간마다 계속 보여 줍니다. 그리고 강단 오른쪽 밑에는 매 시간마다 다룰 주제들을 보여 줍니다. 양쪽 벽에는 팀별로 나누어 수행할 프로젝트를 적어 보여 줍니다. 매 시간 각 팀별로 만든 프로젝트 차트를 여러 개 붙여 놓습니다. 한마디로, 설명을 하는 것이 아니라 픽쳐라이즈(picturize), 즉 보여 주는 수업이었습니다.

40명 정도가 듣는 수업인데 조교가 세 명이나 붙습니다. 그는 창의적으로 생각하도록 계속 자극을 줍니다. 처음부터 끝까지 한 흐름을 따라가게 합니다. 교수는 늘 학생들에게 물었습니다. "I am organizing who? what? why? how?" 주제에서 벗어날래야 벗어날 수가 없습니다.

## 문사철

남가주 사랑의교회 중고등부 출신으로 하버드에서 3년 동안 석사와 박사 과정을 마친 자매가 있습니다. 그 자매가 박사 과정에서 역사를 전공하는데, 구두(oral) 시험에서 교수 4명이 한꺼번에 달려들어 3시간 동안 질문을 퍼붓더랍니다. 그 시험을 치르기 위해 무려 600권의 책을 읽어야 했답니다. 시험에서 자주 받은 질문은, "중요한 것이 무엇이냐?"(What's important?), "핵심이 무엇이냐?"(What's the point?)라고 합니다.

하버드에는 10개의 대학원이 있습니다. 그중에서도 가장 중요하게 치는 대학원은 'GSAS'(Graduate School of Art and Science)입니다. 적당한 상동어를 찾기가 힘든데 제일 비슷하게 번역하면 '문사철(文史哲) 대학원'이라고 할 수 있습니다. 문학·역사·철학 대학원입니다.

우리는 법과대학원이나 경영대학원이 하버드의 중심일 거라고 생각하지만 그것은 착각입니다. 기초과학이 융성해야 응용과학 혹은 기술이 안정적으로 발전할 수 있듯이, 경영이라든지 정치,

경제, 혹은 법률도 인간됨과 인간의 모듬살이(사회생활)에 관한 깊은 반성과 통찰 없이는 절대 발전할 수 없습니다. 미국이 다인종으로 구성된 이민사회임에도 불구하고 다양성 속에서 통일성을 유지하는 이유는 바로 문사철의 우위에 있습니다.

## 지성과 다원

하버드 대학원은 과목의 학점이 없습니다. 대학원 이상은 풀 코스와 하프(half) 코스밖에 없습니다. 풀 코스는 일년 내내 출석과 강의가 요구되고, 하프 코스는 한 학기만 듣는 것입니다. 수업은 두 시간 혹은 세 시간, 이렇게 이어집니다. 모든 강의의 중점은 학생이 직접 공부하게 하는 것입니다. 하버드에 다니는 한국 학생들끼리는 이런 말을 합니다. "하버드의 교육 방법을 한국에 적용하면 학생들 다 도망갈 겁니다."

하버드의 학문 정신은 에머슨(Emerson)으로부터 이어받은 지성주의라고 할 수 있습니다. 어떤 면에서 하버드의 학풍은 상당히 보수적이고 보기에 따라서 폐쇄적으로 보일 정도입니다. 그러면서도 재미있는 것은 철저하게 다원주의(pluralism)를 지향한다는 것입니다. 다원주의의 특징이 무엇입니까?

다원주의자들은 대개 지성주의자들입니다. 앞으로 복음주의적 기독교인들이 당면할 과제는 타종교와의 경쟁이 아니라 깊고 폭넓은, 학문적 관용을 특징으로 하는 다원주의자들의 논리를 어떻게 이겨내느냐, 바로 이것입니다.

 목표 있는 교육

하버드에 다니고 있는 한국인 학생들에게 물었습니다.

"대학 교육의 목표가 무엇이라고 생각합니까?"

"세계적인 지도자를 배출하는 것, 어떤 분야에서든 최고의 사람을 만드는 것입니다."

최정상을 강조하기 때문에 빨리 마치고 졸업하는 것이 중요한 것이 아니라 최고로 준비되어 나가기를 원한다는 것입니다. 남들이 하지 않는 학문을 공부하여 영역을 개척하는 것, 즉 창의성에 무게를 둔다는 것입니다.

하버드에서 공부해서 얻은 유익이 무엇인지 물었습니다.

더 겸손해졌다고 하는 학생도 있었고, 무제한의 정보와 자료들을 자기 필요에 맞게 전략적으로 압축하는 법을 배웠다는 학생도 있었습니다. 자주적인 사고 형성이 하버드의 교육목표라고 말하는 학생도 있었습니다.

자신의 입장과 타인의 입장을 항상 병렬적으로 놓고 사고함으로써 문제를 해결하는 훈련을 받았다고도 했습니다. 인문학적 소양, 사회학적 소양, 건강, 재정, 이런 것들이 잘 갖추어져야 하버드 공부를 버텨낼 수 있다고 입을 모았습니다.

## 편견과 오만

인간은 들은 것만큼 보고 보이는 것만큼 행동하게 됩니다. 웬만한 노력이 아니고서는 전통이라든지 공간적인 제약에서 자유롭기가 참 힘듭니다.

일례를 들어 봅시다. 나는 과거에 자유주의자들은 그야말로 마귀 종자인 줄 알았습니다. 자유주의자들은 결혼은 물론 교제도 못할 사람이라고 생각했습니다. 게다가 자유주의자들은 구원도 못 받는 줄 알았지요. 그러나 시간이 흐르면서 보니까 자유주의는 사상의 너그러움에 기초를 둔 사고 유형이었습니다. 깜짝 놀랐는데, 하버드 신학대학원 교수들 가운데에도 대단히 복음주의적인 교수가 있었습니다. 다원주의에 바탕을 둔 지성주의자들의 공격에 탁월한 학문적 구조와 성과를 가지고 응전하는 복음주의자도 보았습니다.

## 사상과 문제 해결

하버드에서 절치부심(切齒腐心) 마음에 새긴 교훈 한 가지는 우리 복음주의자들이 사회적 약자, 인권, 어린이들의 권익, 여성, 민족, 경제적 행복권 등 사회적 현안에 대해 '관심을 기울입시다!' 라는 구호를 외치며 적극적으로 활동하지 않는다는 것이었습니다.

이런 문제들일수록 반드시 사상적인 뒷받침이 필요합니다. 사실 자유주의자들이 이런 복잡한 문제를 다루는 면에서는 복음주의자들보다 훨씬 더 잘 준비되어 있습니다. 어떻게 보면 복음주의자들보다 훨씬 더 통전적(通典的)입니다.

복음이 21세기에도 여전히 시장과 가상공간에서 적실성(適實性)을 갖기 위해서는 앞에서 말한 문제들을 얼버무리고 지나가서는 안 됩니다. 신학과 사상의 성숙을 이룬 누군가가 나서서 복음주의자들의 눈을 뜨게 해야 합니다. 교량 역할을 해야 합니다. 내놓을 모델이 있어야 합니다. 그리고 이러한 모델이 현실 사역에서 구현될 수 있다는 하나의 사례를 남겨 줘야 합니다. 그래야 사상누각과 탁상물림이 되지 않을 수 있습니다.

복음주의가 다음 세대를 감당하기 위해서는 교리적인 맹목성, 고착성을 버리고 좀더 사상적인 발효를 기해야 합니다. 보수주의 혹은 복음주의를 잘 싸우는 분리주의자로 여기는 풍토에서는 더욱 그렇습니다. 복음의 본질을 양보하지 않으면서도 정신적 성숙과 사회적 적실성을 어떻게 조화할 것인가, 이것이 관건입니다. 어떻게 하면 이 둘이 창조적인 긴장관계 속에서 조화를 이룰 수 있을지 심각하게 고민해야 합니다.

# 인격 살인

하버드 대학의 펀드는 190억 달러입니다. 웬만한 나라의 예산과 맞먹습니다. 이 예산으로 철저하게 지식의 데이터베이스를 구축하는 것입니다. 도서관, 각종 기념홀, 대학 교회 등을 지으면서 종교적 가치, 애국심이라는 이념, 그리고 학문적 철저성, 이 셋이 상승작용을 일으키게 합니다.

미국은 종교, 이념을 놓고 치열하게 싸워 본 나라입니다. 서로 너무 많이 아니까 싸움도 시들해진 것인지 모르겠습니다. 다른 것은 몰라도 우리는 미국인들의 "안 싸우고 사는 법"을 배워야 합니다. 이들은 아무리 싸워도 인격은 건드리지 않습니다. 초점은 현안(issue)입니다. 그러나 우리는 싸우면 인격에 대해 시비를 겁니다. 그러니까 원수가 되는 것이지요. 사상적인 여유와 관용을 가지고 대해야 합니다. 터뜨리고 보자는 식의 한국 언론들과 인터넷 사이트는 지금 토론이 아니라 인격 살인을 하고 있는 것입니다.

## 견제와 균형

미국은 양키즘(Yankeeism)과 청교도 정신(Puritanism)이 절묘하게 혼재하는 나라입니다. 제국주의적인 발상으로 세계 경찰을 자처하면서 마구 휘젓고 다니는 양키즘과 그 연장선에서 거론되는 소위 미국식 세계평화(Pax Americana)가 조류인가 하면, 정의의 원칙과 사회적인 섬김이 놀랍도록 강조됩니다. 이 원칙과 섬김에서 사회적인 행동의 촉구, 전통적 가치관의 보존이 거론됩니다. 미국의 지성들은 이 두 극점 사이에서 절묘한 균형감각을 발휘하는 것 같습니다. 그리고 아마도 하버드는 이 두 어울리지 않는 가치를 지성의 깊이로 연결시켜 낸 최초의 대학일 것이라는 생각이 듭니다.

워싱턴에 가보십시오. 백악관, 링컨 기념관, 국회의사당, 여타 조형물들이 그냥 세워진 게 아닙니다. 절묘한 상징성을 드러내고 있습니다. 그것들은 인간의 부패성, 그리고 그것을 방지해 보고자 하는 시스템적인 노력을 암암리에 드러내는 기표입니다. 상대적으로 짧지만 역사의 기복을 깊이 인식한 사관을 반영하고 있습니다. 인생에 대한 기본적인 여유와 삶에 대한 통찰력, 이런

것들이 여실히 미국을 받치고 있습니다.

 미국의 중서부를 가면 아직도 여권을 소지하지 않은 미국인이 대다수입니다. 이것은 무엇을 의미합니까? 미국의 본류는 아직까지도 소박함에 있다는 뜻입니다. 자연주의, 자연친화, 가족 중심, 이웃과의 관계 중심적인 삶이 그들의 삶의 모습입니다. 이 말은 바꾸면 성경 중심이라는 뜻입니다. 미국은 여권도 없고 외국에 한 번도 안 가 본 사람들이 많지만, 한국처럼 신드롬과 일시적 유행이 전국을 강타하고 지배하는 나라가 아닙니다.

 미국 생활을 20년 넘게 한 나로서도 총기 소지를 허용하는 미

국이 이해가 안 될 때가 많습니다. 그러나 미국사를 조망할 때 이해가 되는 일면이 있습니다. 미국의 총기 소지 허용법은 외세의 침략으로부터 자국을 지키겠다는 독립정신에서 비롯합니다. 자조, 자립은 미국이라는 나라의 됨됨이를 결정하는 가치의 DNA입니다. 이것을 바깥의 잣대로 재기에는 참 어려운 면이 있습니다.

## 분수와 실력

미국이 제각각이고 혼란스러운 나라처럼 보여도, 그러한 혼란스러운 다양함조차도 하나로 묶는 정신이 있습니다. 그것이 바로 미국적 실용주의입니다. 일단 어떤 분야에서든 일가를 이룬 사람에 대해서는 인정합니다. 우리는 교세가 좀 늘어나면, "아파트 단지가 있어 사람이 모인 것이다." "실력은 없는데 인간관계가 좋아서 그렇다." 하고 인정을 잘 하지 않습니다. 그러나 미국 문화는 그렇지 않습니다. 일례로 미국은 기부금 대학 입학을 인정합니다. 부모를 잘 만난 것도 실력이라고 보는 분위기입니다.

어떤 면에서 미국은 상당히 계층 구별적인 사회입니다. 승용차 하나를 놓고도 알 수 있습니다. 한국, 일본 같은 경우에는 주로 조직폭력배들이 벤츠를 탑니다. 그렇다면 미국에서는 마피아들이 벤츠를 타고 다니냐, 그렇지 않습니다. 서민은 서민차를 탑니다. 대통령도 사적인 목적으로 쓰는 차라면 중고차도 얼마든지 몰고 다닙니다. 수입이 얼마면 어떤 차를 탄다, 하고 정해진 것은 아닌데 불문법처럼 지켜지는 규례가 있습니다. 이러한 불문법이 성문법보다 더 구속력 있게 느껴지는 경우가 많은 나라가 미국입니다.

## 서열

한국은 서열 중심인 듯해도 생각 없는 표준에 맞춰 갈 때가 많은 것 같습니다. 예를 들어 한국의 대학은 교수, 조교수의 연구실 크기가 똑같습니다. 그러나 미국은 자유롭고 평등주의 같지만 사실은 서열이 굉장히 강한 나라입니다. 교수실과 조교수실은 위치, 크기, 장식 등에서 확연히 차이가 납니다. 타고 다니는 차도 다릅니다. 그런데 그 누구도 그것을 불평등이라고 시비 걸지 않습니다. 학문적 성과와 실력의 역사(歷史)를 인정하는 것도 또 다른 차원의 평등이라고 생각하면서 역사를 통해 검증된 서열에 대해 불평을 느끼지 않습니다.

 ## 공간에 담은 정신

인종적인 편견에서 하는 말은 아닙니다. 하지만 멕시칸들이 학문에 관심을 기울이지 않고 그냥 하루하루를 살아갈 때, 아프리칸-아메리칸(미국에 살고 있는 흑인들이 스스로를 부르는 말)들이 싸움과 마약에 찌들어 있을 때, 미국인들 가운데 유대인들은 하버드 대학 내에 힐렐 하우스 같은 교육 기관을 세웠습니다. 힐렐 하우스는 미국의 저명한 명문대학 내에 유대인들이 세워 놓은 일종의 유대인 장학관과 같은 것인데, 이곳에서 수많은 유대인 출신 학자들이 배출되었습니다.

모든 힐렐 하우스 안에는 유대인의 역사와 문화의 내력을 말해 주는 것들이 있습니다. 특히 모든 힐렐 하우스에는 쥬이쉬 예배 공간이 있습니다. 무엇보다 인상 깊었던 것은 예루살렘 통곡의 벽을 각각 다른 디자인을 사용하여 세워 놓았다는 것입니다. 그리고 모든 힐렐 하우스의 중심은 예루살렘을 향하고 있었습니다. 나도 언젠가는 이런 식의 건물을 한국 사람을 위해 세워야겠다는 마음으로 힐렐 하우스 자료들을 정리해 보았습니다.

이것이 통찰력입니다. 돈을 많이 들여 건물을 지었다는 것이 중요한 게 아닙니다. 사람으로 하여금 생각하게 하는 건물을 지었다는 것이 중요합니다. 이런 의미에서 남가주 사랑의교회 건물도 그냥 지어진 것이 아닙니다. 교회 입구에 설치된 대형 앵커(비전의 항구를 상징하는 Anchor of Vision), 수령(樹齡) 120년의 종려나무 일곱 그루, 서울대학교 조소과 강동철 교수의 작품인 십자가와 지구본⋯⋯. 이 모든 것들에는 상징이 담겨 있습니다. 그냥 대충 해놓은 것이 아닙니다. 조형물 하나 하나가 사람들의 의식에 호소할 수 있게 만들어졌습니다.

# 몸 낮춤

케네디 스쿨에서 가르치는 것 중 하나는 리더십입니다. 지금 첨단 리더십의 흐름은 섬기는 지도력(servant leadership)으로 가고 있습니다. 세계 최정상의 대학원에서는 점점 더 낮아지는 섬김의 리더십을 가르칩니다. 이렇게 세계 최고의 경영대학원, 행정대학원은 점점 더 성경적으로 가르치는데, 교회는 점점 더 비성경적이 되어 가고 있습니다.

사진작가 함철훈 선생에게서 사진을 사사 받은 적이 있습니다. 사진을 공부하면서 내린 결론은 '몸을 낮추면 세상이 아름답게 보인다.' 입니다. 사진기나 찍는 테크닉은 다 거기서 거기입니다. 정말 좋은 사진과 그렇지 않은 사진을 가르는 경계는 이미 하나님이 만들어 놓으신 것을 얼마만큼 납작하게 엎드려서 잡아내느냐입니다. 보이지 않는 하나님의 손길을 찾아내는 것입니다. 내 작품 가운데 그래도 어디에 내놓을 수 있다 하는 것들은 전부 엎드려 찍은 것들입니다. 예술 세계의 최고봉도 몸을 낮출 때 만들어집니다.

## 권력은 관계다

케네디 스쿨에서 수강한 과목 가운데 사람, 권력(power), 그리고 변화의 상관관계를 다루는 과목이 있었습니다. 그 과목의 교수는 아주 재미있는 정의를 내렸습니다.

"무엇이 권력인가?"

"권력은 직위가 아니다. 권력은 힘도 아니다. 권력은 관계(relationship)다."

놀라운 파악 아닙니까? 어떻게 보면 세상 사람들이 우리 복음주의자들보다 훨씬 앞서 갑니다.

우리는 권력의 원천을 내면과 관계에서 찾는 성경을 가지고 있으면서도 정작 이런 진리를 발견하는 데 게으르고, 발견했어도 적용하지 않으려고 합니다.

제자훈련은 이러한 면에서 철저하게 관계의 힘(power of relation)을 전제합니다. 위임과 헌신도 결국 관계성을 전제하지 않으면 사상누각이 되어 버리고 맙니다.

이런 모든 개념들은 관계성을 바탕에 둘 때 잘 엮인 그물망처럼 연결되고, 사람 살리는 일을 위해 효험 있게 되는 것입니다.

불 밝은 문사철을 꿈꾸며_85

## 상황이 인물을 만든다

언론의 노벨상이라는 퓰리처 상을 두 번이나 받은 데이빗 맥클라우(David Mccullough)가 하버드 케네디 스쿨에서 행한 강연에서 뒤통수를 얻어맞는 듯한 통찰을 얻었습니다. 그는 사가이자 저널리스트로서 미국의 대통령사 연구에 전문가입니다. 특별 강연을 하는 동안 한 학생이 이런 질문을 던졌습니다.

"왜 아프가니스탄, 라이베리아, 수단, 미얀마 같은 나라들에 마샬 플랜(Marshall Plan) 같은 대대적인 사회개발 프로그램을 권하지 않습니까?"

마샬 플랜이란 제2차 세계대전 종전 후 전쟁 복구를 위해 미국이 실시한 특별 프로그램을 말하는 것입니다.

맥클라우는 이 질문을 받고 조금도 망설임 없이 이렇게 대답했습니다.

"지금은 마샬 플랜을 할 수 없습니다. 왜? 제2차 세계대전 이후의 전쟁 복구와 같은 상황은 반복되지 않기 때문입니다."

그러자 누군가 "역사는 반복되지 않습니까?" 하고 이어 물었습니다. 그때 그가 뭐라고 대답했는지 아십니까?

"그건 모르는 소리입니다. 역사는 반복되는 게 아닙니다. 단지 역사의 해석이 반복될 뿐입니다."

역사의 해석이 반복될 뿐이다! 얼마나 소름끼치는 통찰입니까? 그의 번뜩이는 답변을 들으면서 떠오르는 단어가 하나 있었습니다. '(역사적) 상황!' 상황은 반복되지 않습니다. 그러나 상황이 사람을 만듭니다. 인격, 능력, 실력, 모두 중요하지만 상황의 부름이 없으면 누구도 역사의 무대에 오를 수 없습니다. 조지 부시가 9·11 사태가 아니었다면 90퍼센트의 지지를 받을 수 있었겠습니까? YS의 문민정부, DJ의 국민정부, 이 모두 군사정권의 종식, IMF와 수평적 정권 교체라는 상황 속에서 탄생한 것입니다.

우리 복음주의자들은 '이 상황에서 어떻게 내 인격과 삶을 뿜어내고 극대화할 수 있을까?'를 늘 염두에 두고 움직여야 합니다. 불변하는 말씀을 춤추는 상황 안으로 투척할 수 있도록 현실 속에서 역사하시는 성령님의 기름 부어 주심을 늘 사모해야 합니다.

## 시대의 아들

맥클라우 박사는 케네디 정권 아래에서 관료로 일했습니다. 우리 식으로 말하면 해외 조약국장 정도 되는 직급이었습니다. 그는 그 시절을 회상하면서 당시 대통령을 비롯하여 모든 각료와 관료들이 능력 이상으로 훌륭했다고 자평했습니다. 특히 쿠바 미사일 위기 때 그랬다는 것입니다. 그러면서 그는 이런 말을 했습니다.

"당시 우리는 미국의 안보를 위해 일했습니다. 상황이 우리를 위대하게 만든 것이죠."

가끔 자문합니다. '과연 목회를 한 번 더 할 수 있는 기회가 생긴다면 어떤 목회를 할까?' 실수도 줄이고 좀더 균형 있는 모습이 됐을지는 모릅니다. 하지만 아주 솔직히 말해서 다시 해도 지금처럼 할 수는 없겠다는 생각이 듭니다.

지금의 목회가 완벽하다는 말이 아닙니다. 돌이켜 생각할 때 내 목회 역시 내 시대에 하나님이 일으키신 사역의 산물이었을 뿐입니다. 시대적 정황이 나를 이런 사역자로 만들었습니다. 나는 한 시대에 일어난 사역, 그 사역의 아들이었을 따름입니다.

# 역사의 커튼 뒤

미국의 역대 대통령들 가운데 실력, 재능, 인격, 유머를 겸전한 사람을 꼽으라면 존 애덤스(John Adams)를 거론합니다.

그는 명문가에서 태어나 어렸을 때부터 귀족교육과 지도자 훈련을 받았습니다. 그러나 그는 정작 대통령으로 재임하고 나서는 실력과 재능의 10퍼센트도 발휘를 못했습니다. 그것은 당시 미국 언론의 탓이 큽니다. 그 당시 미국 언론은 이전투구의 양상을 보였습니다. 기사도 대단히 선정적이었습니다. 그는 실력 발휘도 못하고 겨우 임기를 채운 채 물러났습니다. 그러나 워낙 실력이 출중했기 때문에 오히려 퇴임 10년 후 나라를 위해 큰일을 했습니다. 재임 시절보다 퇴임 후가 그를 더 위대한 지도자로 기억되게 했습니다.

그가 대통령직을 제대로 수행할 수 없게 가장 훼방한 사람이 누구일까요? 놀랍게도 토머스 제퍼슨이었습니다. 존 애덤스가 가장 아꼈던 사람, 부통령으로까지 발탁해서 결국에는 다음 대통령이 되도록 배려 받은 당사자인 제퍼슨이 애덤스를 가장 괴롭힌 것입니다. 토머스 제퍼슨은 언론을 사주해서 애덤스 물어뜯기를 자행했습니다.

퇴임 후 애덤스가 국민적인 칭송을 받을 때 기자들이 그에게 물었습니다. "당신의 생애에서 가장 힘든 시기는 언제였습니까? 대통령 재임 시기였습니까?" 그는 아니라고 대답했습니다.

"내 생애에서 가장 힘든 시기는 조지 워싱턴 장군을 따라다니며 독립운동을 할 때, 죽을 고비를 넘기고 극단의 질고를 겪을 때였습니다. 그 때 생과 사를 오갔기 때문에, 재임 시의 악의에 찬 중상 모략은 능히 견딜 만했습니다."

극한의 고난을 겪어 봤기 때문에 그 정도는 별것 아니었다는 것입니다. 역사는 공정합니다. 애덤스를 부정한 방법으로 괴롭힌 장본인 토머스 제퍼슨은 흑인 하녀들과 성관계를 맺어 사생아를 낳는 등 비도덕적인 행위가 밝혀지면서 최근 많은 사가들로부터 평가절하 받고 있습니다.

**영성시대,** 교리에의 충실이 지난 천 년 간 교회의 싸움이었다면 이제 교회의 바른 교리는 기본이요 여기에 체험과 정서와 체화를 더하는 고된 작업을 해야 합니다.

교회는 하늘을 가리키던 손으로 땅도 짚어 줘야 합니다. 영혼과 시대, 심령과 사회구조도 함께 고민해야 하는 낯선 시대 앞에 섰습니다.

이 도도한 격랑을 교회는 어떻게 건너야 할까……

영성시대
도강을 위하여

# 교회여, 자본의 썩는 속성을 방부하라

피터 드러커는 전 세계 경영학의 대부입니다. 대구루(guru-권위자, 베테랑)이지요. 사족입니다만, 그의 강연료가 얼마인지 아십니까? 하버드 경영대학원에서 알아준다는 경제학자, 경영학자들이 시간 당 7만 달러를 받습니다. 그런데 피터 드러커는 10만 달러 이상을 받습니다. 한마디로 값을 매길 수 없습니다(priceless).

4월 17일 전 세계의 NGO 대표 30인이 모이는 자리에서 두 시간 동안 그의 강연을 들을 기회가 있었습니다. 나는 이 공식적인 시간이 끝난 뒤에 그와 개인적으로 대담을 나눌 시간을 갖게 되었습니다. 대담 후 그는 자신이 60년 동안 집필한 경영서적 중에 엑기스를 모은 책 피터 드러커 미래 경영(*The Essential Drucker*)을 나에게 주었습니다.

그 때 받은 정신적 통찰력과 지적 희열은 도저히 말로 옮길 수가 없습니다. 그 만남을 통해 스스로 깨닫고 적용한 바가 많습니다. 문명사, 즉 문명을 보는 전체적인 눈을 길렀다고나 할까요?

짧은 시간이었지만 아무튼 만리장성이 뻗어나가는 느낌이었습니다. 그를 만난 직후 이랜드의 박성수 장로님을 만나게 됐습니다. 피터 드러커를 만나고 오는 길이라고 하니까, "아니, 목사님! 그분은 제가 만났어야 했는데요." 하며 아쉬워했습니다.

그는 확실히 경영학의 성층권에 있었습니다. 그가 어떻게 해서 경영학의 황제 자리에 등극했으며 그 자리를 지키게 되었을까요? 우선 그를 비난할 수 있는 능력과 실력이 있는 사람은 아무도 없습니다. 그는 한국 나이로 93세인데 두 시간 강의하고 이어 한 시간을 대담하는데도 지친 기색이 없었습니다. 부인이 동갑내기인데 만 70년을 같이 사셨지요. 이야기를 나누면서 그는 다음달에 테니스 대회에 나간다고 했습니다. 그의 전공은 컨설테이션(consultation)이라고 할 수 있는데, 미국의 역대 대통령들, 특히 케네디, 아이젠하워를 컨설팅했습니다. 재미있는 사실은 그가 아인슈타인도 컨설팅했다는 것입니다.

그는 어떻게 보면 사회적 예언자였습니다. 1950년대 일본의 경제적 부상, 퍼스널 컴퓨터의 등장을 예언했습니다. 나는 그에게 두 가지를 물었습니다. "미국은 어디로 갑니까?" "중국이 어떻게 되겠습니까?" 드러커 박사는 미국의 미래는 비영리단체(Non-Profit Organization; NPO)에 달려 있다고 했습니다. 그는 여기에 한마디 덧붙여서 이런 말을 잊지 않았습니다.

"교회는 목회적 대형교회들이 앞으로 어떻게 하느냐에 따라 결정 납니다."

그는 미국교회에서 가장 주목받는 두 사람의 목회자 빌 하이벨과 릭 워렌도 잘 알고 있었습니다. 아울러 그는 미국의 목회적 대형교회가 해야 할 가장 중요한 임무를 한마디로 셀프 매니지먼트, 즉 자기 관리라고 규정했습니다.

드러커 박사는 자본주의의 가장 큰 약점이 부패라고 잘라 말했습니다. 미국, 일본, 중국, 한국 등 예외가 없다는 것입니다. 그러나 미국이나 서구사회는 부패를 방지할 수 있는 리트머스 시험지, 즉 검증 기관을 만들었습니다. 그것이 바로 '캘비니즘'(Calvinism), 또는 '프로테스탄트 윤리' 라는 것입니다. 여기서 소위 '청부(淸富) 사상', 다른 말로 하면 '노블리스 오블리제'(Noblesse Oblige, 가진 자의 도덕적 의무. 명예만큼 의무를 다해야 한다)가 나왔습니다.

이렇게 볼 때 40-50년 만에 자본주의가 정착된 한국은 현재 자본주의의 부패를 막기 위한 기능이 제대로 발휘되지 않는 위험에 처해 있습니다. 개신교가 자본주의의 건강도를 체크하는 역할을 잠시 했다가 그만 이 일을 놓쳐버리고 말았습니다. 자본주의의 필연적인 부패를 방지할 사회적 장치로서 기능하지 못하게 된 것입니다.

더글라스 맥아더가 일본을 점령했을 때의 일입니다. 맥아더는 기독교를 통해서 천황제 아래에서의 우민 정책을 종식하려고 했습니다. 그래서 본국의 한 교단 선교부에 만 명의 선교사를 파송해 달라고 요청했습니다. 곧 약 3천 명에 달하는 미국인 선교사들이 파송됐습니다. 그로 인해 홋카이도(北海道)에 세워진 사학 명문 아오야마 가쿠인(青山學院), "Boys, Be Ambitious!"로 널리 알려진 클라크 선교사가 세운 와세다(早稻田) 등 훌륭한 교육기관, 사회봉사 기관이 많이 세워졌습니다.

그러나 엉뚱한 곳에서 문제가 발생했습니다. 갑자기 한국전쟁이 일어난 것입니다. 경제부흥이 완만하게 일어나야 하는데 한국전 특수(特需)를 타고 종전 10년 만에 경제가 부흥했습니다. 이 경제 부흥의 열기를 타고 뭐가 들어왔겠습니까? 경제제일주의, 쾌락주의가 들어온 것입니다. 이것이 일본 선교가 어려운 이면의 이유라고 생각합니다.

# 쾌락주의의 부식력

　　　　　그러나 일본보다 더 심각한 곳이 있습니다. 바로 한국과 중국입니다. 한국은 고도 성장기까지는 괜찮았습니다. 그러나 88올림픽 이후부터 드러내놓고 쾌락주의에 침식당했습니다. 그 전에는 룸살롱, 요정, 이런 것들이 음성적으로 존재했습니다. 그러나 이제는 완전 양성화되지 않았습니까? 교회 성장점이 멈춘 시기도 바로 이 시기와 맞물립니다. 그리고 이 비극적인 현상은 지금 중국에서도 똑같이 일어나고 있습니다.

중국의 상류층이 받는 월급은 500-1,000달러 정도 됩니다. 이 정도의 경제력을 지닌 사람은 14억 가운데 8천만 정도입니다. 그런데 중국의 구매력은 실수입의 10-20배 정도가 됩니다. 이 말이 무슨 뜻인가 하면 중국이 걷잡을 수 없는 속도로 자본주의화하고 쾌락주의에 노출되고 있다는 말입니다.

중국의 22개 성을 돌아볼 기회가 있었습니다. 그중에 사천성(四川省)에서 겪은 일입니다. 우연히 서른 시간 이상 함께 버스를 타고 여행하는 패키지 관광객들을 만났습니다. 22명의 관광객들 가운데 놀랍게도 네 커플이 쾌락 여행자였습니다. 갓 서른

이 넘어 보이는 남자들이 광동성, 복건성, 홍콩 등지에서 몰려와 예쁘장하게 생긴 20대 초반의 여성들과 묻지마 관광을 하는 것입니다. 누구도 이들에게 손가락질하는 사람이 없었습니다. 이 말은, 중국이 지금 돈 우상에 빠져 있다는 것입니다.

경찰서장의 판공비가 신문사 기자 월급의 백 배, 그런데도 이런 부패 관리가 청렴결백상을 받고, 룸살롱에 벤츠, BMW, 렉서스가 문전성시를 이루는 것이 중국의 또 다른 모습입니다.

## 교회를 위한 역사

나는 교회 중심의 사관을 지닌 사람입니다. 현대 역사는 곧 선교 역사라고 믿는 사람입니다. 마젤란이나 바스코 다 가마, 콜럼버스와 같은 해양 탐험가들이 해양로를 낸 이유가 무엇입니까? 그것은 해안에서 해안으로(coast to coast)의 선교를 가능하게 하기 위함입니다. 해양로의 발견으로 윌리엄 캐리를 중심으로 한 근대 선교사가 시작됐습니다. 해양로의 발견에 이어 내륙 교통이 발달하기 시작하니까 허드슨 테일러를 중심으로 한 내륙 선교(inland mission)가 시작된 것입니다. 그 다음에는 이미 복음화된 나라에서 아직도 복음에 마음이 닫혀 있는 사람들을 위해 다양한 문화적 접촉을 시도하는 선교(mission for the unreached)가 개발되었고, 이제 21세기에는 전문인 선교 시대가 열리게 되었습니다.

교회 지상주의는 아니지만 나는 역사가 교회를 위해 움직인다고 믿습니다. 한국이 공산화가 안 된 것은 다른 이유가 없습니다. 세계 선교에서 미국 다음으로 큰 역할을 하는 나라가 한국 아닙니까? 한국이 공산화되었다면 이런 역할은 꿈도 꾸지 못할

것입니다. 각박하고 치열한 경제 전투적인 삶을 반성하고 여유를 가져야 할 이유가 여기에 있습니다. 복음으로 문명사 전체를 조망하면서 하나님이 우리에게 맡기신 사명을 잘 감당하며 정진할 때 한국은 다시 한번 한강의 기적을 일으키는 나라가 될 것입니다.

## 젊은 교회

싱가포르가 자랑하는 창이 공항에 내려서 보니 싱가포르도 누수를 겪고 있는 것 같았습니다.

나라의 시스템이 새고 있었습니다. 입국심사에 시간이 너무 걸렸습니다. 심사를 기다리는 나를 세워놓고 심사관을 바꿨습니다. 내가 알고 있던 싱가포르는 보이지 않게 미리 교체할 수 있는 나라였습니다.

아니나 다를까, 듣자 하니 지금 경제가 많이 안 좋다고 합니다. 5년 전 한 달에 4천 달러 하던 콘도미니엄의 렌트비가 지금은 천7백 달러 수준이라고 합니다.

부유한 나라가 너무나 가난하게 살고 있었습니다. 오히려 태국이 더 유복한 것처럼 보였습니다.

싱가포르에 가면 꼭 시티하베스트 교회를 들러보라고 권합니다. 만 명 정도가 모여 예배하는데 20대가 교인의 주력인 교회입니다. 로렌스 콩 시대에 이어 콩히 목사의 시대가 왔다고 할 정도였습니다.

정말 파격적인 교회입니다. 이런 파격성은 싱가포르라는 도시

국가의 한계와도 무관하지 않을 것입니다.

 싱가포르 사람들이 너무 답답해 하던 때에 시티하베스트 교회가 이런 한계를 일탈에 가깝게 깨고 있습니다.

## 승자의 여유

베트남에서 느낀 한 가지가 있습니다. 전쟁은 피해야 하지만 불가피하게 해야 한다면 반드시 이겨야 한다는 것입니다. 이겨도 그렇겠지만 지면 나라와 가정들에 너무나 큰 피해가 미치고 영향이 오래 갑니다. 이기든지 협상을 하든지 해야 합니다. 이상하리만치 한국에 대해 좋은 인상을 가지고 있는 그들에게 물었습니다.

"우리는 여러분과 전쟁을 했던 나라 아닙니까?"

나는 귀를 의심할 만한 대답을 들었습니다.

"그때 당신들은 돈 때문에 우리와 싸운 거 아닙니까?"

순간 눈시울이 뜨거워지면서 남방인 특유의 여유와 너그러움을 느꼈습니다. '그렇다. 이런 너그러움은 통일된 나라만이 보여줄 수 있는 여유다!' 하는 깨달음도 생겼습니다.

사회주의국가들의 공통적인 특징은 대중 이미지 조작과 유포를 천재적으로 잘한다는 것입니다. 호치민 기념관에 갔는데 혁명 투사의 모습이 아니라 사과나무에 물을 주는 사진, 어린아이들과 함께 웃고 있는 사진이 전면에 걸려 있었습니다. 호치민의 한자 이름은 '胡志明'입니다. 풀이하면, '세운 뜻을 밝혀 드러낸다'는 뜻입니다. 인민의 해방과 복지를 위해 자신의 삶을 던지는 사람이라는 이름의 뜻을 그의 사회주의 후배들은 여러 모로 재조명하고 부각해 놓았습니다.

## 제조 강국 일본

한국은 언제나 적극적이고 엎치락뒤치락합니다. 8·15해방, 6·25전쟁, 5·16쿠데타, 10·26사태, 5·18민주화운동, 6·29선언 등 죽음 이편저편을 왔다 갔다 한 시기를 산 탓이겠지요. 이에 반해 일본인들은 성실, 정밀, 정직하다고 소문이 났습니다. 또한 그들은 혼자 있는 것에 익숙합니다. 심지어 부부도 이불을 같이 덮지 않습니다. 정(情)의 인간관계가 아니다 보니 사람 사는 일에 별로 낙을 느끼지 못합니다. 그래서 일에 몰입합니다. 일에서 낙을 찾습니다. 그러니까 탁월할 수밖에 없습니다.

일본이 세계 최고의 제조국이 된 데에는 그만한 이유가 있습니다. 그들은 신분 불변론을 신봉합니다. 도요토미 히데요시나 도쿠가와 이에야스도 일본 전역을 장악한 쇼군(將軍, 일본의 역대 무신 정권인 막부의 수장을 가리키는 칭호)이 됐지만 신분은 바뀌지 않는다고 생각했기 때문에 왕의 자리를 사양했습니다. 일과 과업의 성취를 통해 신분이 변화하거나 상승하는 것이 아니기 때문에, 일 자체를 엄정하게 강조합니다. 성취가 아니라 일 자체가 목적이 되니까 자연히 일에 관한 한 엄숙주의가 나오는 것입니다.

일본은 정치적으로 우익의 나라입니다. 일본의 정치인들은 끊임없이 애국주의를 조장해 불경기에 대한 체감 온도를 떨어뜨립니다.

가격표를 확인하지 않으면 식당에 못 들어갈 정도로 소심한 사람들, 그래서 음식 요리법 프로그램이 세계 최고로 발달하고 플라스틱 모델로 음식의 모양을 복제하는 산업이 발전한 나라 일본.

누군가는 순발력 강한 리더의 나라 한국과 성실한 참모의 나라 일본을 합치면 세계를 점령할 수 있다고 했습니다.

## 명국복기(名局復棋)

리더십은 배우는 것이 아니라 '알아차리는 것'입니다. 이것이 사역 일생을 통해 깨우친 리더십의 핵심입니다. 알아차리기 위해서는 감각(sense)이 있어야 합니다. 목회 사역에서도 영적 감각이 없으면 안 됩니다. 그런데 안타까운 일은 이 감각이라는 것이 30대 이후에는 거의 늘지 않는다는 사실입니다. 감각은 태어나서 나이 삼십 될 때까지의 신오감(新五感, 보고, 듣고, 읽고, 생각하고, 경험하는 것)의 총결정체라 할 수 있습니다.

30대 이후에 느는 것은 감각이 아니라 경험이요, 사역의 기교입니다. 사실 사역에서 경험이나 기교도 중요합니다. 그러나 감각이 없는 경험이나 기교는 언제나 과대포장의 위험성을 가지고 있으며, 노련한 사람은 만들지 모르지만, 신선한 사람은 만들 수 없습니다.

감각이 없으면서 경험이나 기교만 찾는 목회자는 결국은 상황에 휘둘리는 지도자가 될 수밖에 없습니다. 이런 비참한 자리로 떨어지지 않으려면 감각을 길러야 합니다. 그것도 젊을 때 집중적으로 개발해야 합니다. 이것은 일생 동안의 리더십의 원천이 되며, 남은 생에서 효율적이고 후회 없는 사역을 이루는 뼈대가 됩니다. 다시 말하지만, 리더십은 배우는 것이 아니라 알아차리는 것입니다. 이 차이를 이해하지 못하면 시간이 가도 변화가 없는 사람일 수밖에 없습니다.

그렇다면, 30대 이후에는 감각을 기를 수 없다는 것인가...

진정 열정을 가진 사람이라면 30대 이후에도 영적 감각을 기를 수 있는 비결이 있습니다. 그것은 사역을 복기하는 것입니다. 복사가 아니라 복기입니다. 정말 존경하는 설교자의 설교 원문을 앞에 두고, 동일한 본문으로 설교를 만들어 보는 것입니다. 설교 원문과 한 줄씩, 한 문단씩 비교하고, 언어 구조와 논리 구조도 연구합니다. 설교 원문의 구조, 논리, 어휘나 예화 사용 등을 마치 전자 기술자가 경쟁사의 최신 제품을 조심스럽게, 꼼꼼하게, 모든 에너지를 집중하여 해체하고 다시 조립하듯이, 긴장도를 유지하면서 구슬땀을 흘리며 입체적으로 뜯어보아야 합니다. 그러면 처음에는 태산처럼 높기만 한 고지가 곧 눈앞에 있음을 느끼게 됩니다.

# 리더십의 바탕

리더십에 있어서 문제는 사람이 아닙니다. 지도력을 세울 만한 철학과 사상의 바탕이 먼저 되어야 합니다. 문사철이 함께 가야 하고 문화운동이 잘 받쳐 줘야 합니다.

# 하나님의 관심

인간은 더 나은 방법을 찾지만 하나님은 더 나은 사람을 찾고 계십니다.

# 더 위험한 쏠림

한국 보수교단은 자유주의로 치우치지 않으려다가 율법주의로 흐를 가능성이 많기에 조심해야 합니다.

## 역발상

지난 20년 간 미국 신문 가운데 유일하게 성공을 거둔 것은 USA 투데이로, 현재 약 5백만 부가 팔린다고 합니다. 많은 사람들이 미국같이 넓은 나라에서 전국을 보도 대상으로 삼는 전국지가 과연 필요한가 하고 신문의 앞날을 걱정할 때, USA 투데이는 완전 역발상을 해 성공했습니다.

지면의 칼라만 봐도 그렇습니다. 뉴욕 타임즈가 칼라를 쓰기 시작한 게 비교적 최근인 데 반해 이 신문은 창간호부터 칼라를 고집했습니다.

## 힐송 교회

호주 시드니를 방문했을 때 세계에서 가장 앞서가는 교회 중 하나인 힐송 교회(Hill Song Church)를 찾았습니다. 목사, 찬양 인도자, 반주자가 눈빛만으로도 착착 맞아떨어졌습니다. 고출력 스피커에서 파워 있게 분출되는 찬양, 손을 들고 서로 축복해 주는 분위기, 아픈 자를 위한 중보기도, 그리고 이어지는 설교는 클라이맥스를 향해 나가고 있었습니다. 멀티비전을 이보다 더 예술적으로 잘 사용하는 교회가 있으면 나와 보라 할 정도였습니다. 특히 힐송 교회에서 만든 찬양 가운데 "내 구주 예수님", "온 땅이여 주님께 외쳐라"라는 찬양은 지금 전 세계를 풍미하고 있습니다. 나는 부활절 예배 등과 같은 모임에서 5-10만 명의 성도들이 함께 모여 전심으로 찬양할 때, 이스라엘 백성들이 여리고성을 향해 크게 외치자 여리고성이 무너진 것처럼 이 시대의 부패와 모든 악한 세력들이 무너지기를, 북한의 잘못된 것들도 함께 무너지기를 바라는 소원이 있습니다. 동시에 4-5천 명 모이는 힐송 교회에서 시작된 찬양이 전 세계를 풍미했다면, 한국의 목회적 대형교회들이 음악 사역을 통해 전 세계를 풍미하는 찬송을 만들어 낼 수 있을 것이라고 기대합니다.

## 관계 중심

　　　　지난 세월, 사역은 빛나는 금빛 트로피만은 아니었습니다. 고난의 행군도 있었습니다. 2002년 7월 12일 호주 시드니에서 137명이 참석한 목회자 세미나에서 마지막으로 이런 질문을 받았습니다.

"장로나 평신도 지도자들 가운데서 끝까지 괴롭히는 사람이 있다면 어떻게 하실 것입니까?"

나는 이렇게 대답했습니다.

"첫째, 그런 사람을 지도자로 뽑으면 안 됩니다. 둘째, 비본질적인 것은 양보하고 본질적인 것은 양보하면 안 됩니다. 나도 비본질적인 것은 많이 양보했습니다. 그러나 제자훈련이라든지 목회의 본질은 절대로 양보하지 않을 것입니다. 셋째, 수학이나 물리라면 모를까, 인간관계는 기도하고 노력하면 해결 못할 것이 없다고 생각합니다. 찾아가서 큰절을 하든지 울든지 간에 해결해야 합니다. 넷째, 그래도 안 되면 하나님이 나를 다스리는 도구라고 생각하고, 참고 품고 짊어지고 나가고, 성숙해져야 합니다."

내 삶의 목표는 '더 나은 삶'(the better life)이 아니고 '더 나은 관계'(the better relation)입니다.

# 가정과 교회

현대교회는 교회와 가정의 조화를 큰 부담으로 안고 있습니다. 교회가 먼저냐 가정이 먼저냐? 나는 이것이 처음부터 우선순위의 문제가 아니고 보완의 문제라고 봅니다. 통전적인 시각으로 봐야 합니다. 그래서 목회 초기부터 '교회 같은 가정, 가정 같은 교회'를 많이 강조했습니다. 가정 혹은 교회만 잘된다는 것은 있을 수 없습니다.

미래교회가 사회를 변화시키려면 먼저 교회에 속한 가정이 변화해야 합니다. 가정 변화의 핵심은 가장입니다. 가장이 바뀌면 가정이 바뀌고, 가정이 바뀌면 교회가 바뀝니다. 여기서 교회가 사회를 변화시킬 수 있는 힘을 얻습니다. 사회를 변화시키는 교회의 사명의 핵심은 하나님 나라의 도래입니다. 관념이나 신비의 차원에서 하는 말이 아닙니다. 모든 신령하고 영적인, 그러면서도 우리 현실의 삶을 포괄하는 하나님의 복을 흘려보내는 물의 근원이 되는 것입니다. 이것이 바로 구약에서 말하는 제사장적인 부르심입니다. 자기를 위해 살지 않고 하나님과 이웃을 위해 존재하는 새로운 인간형이 탄생되는 것입니다.

## 사관

기독교의 역사관은 알파 포인트부터 오메가 포인트까지 직선으로 가는 것입니다. 정반합으로 통합되는 변증법의 역사, 윤회의 역사가 아닙니다.

# 이스라엘 역사에서 배운다

**복음적인** 크리스천일수록 구약을 경시하는 경향이 있습니다. 그러나 이런 태도는 옳지 않습니다. 우리는 구약에서 역사와 인생을 다루시는 하나님의 멋진 솜씨를 봅니다. 구약은 세 가지 주제를 둘러싸고 직조되어 있습니다.

첫째, 구약은 소명의 문제를 다룹니다. 아브라함을 부르시고 의롭다 하신 후 그를 역사 안에서 복을 나눠 주는 사람으로 세우십니다.

둘째, 구약은 하나님의 은혜와 인간의 책임이라는 문제를 다룹니다. 하나님은 이스라엘을 출애굽시키시고 가나안에 정착하게 하셨습니다. 이스라엘은 지정학적으로 유럽, 아시아, 아프리카를 잇는 지점에 자리 잡고 있었습니다. 그들이 어떻게 하느냐에 따라서 세계의 이목이 집중되는 민족이 될 수도 있지만, 세계의 집중포화(shellfires)를 받을 수도 있게 하셨습니다.

셋째, 구약은 불순종과 그것을 다루는 하나님의 방법을 보여 줍니다. 특별히 하나님은 이스라엘의 각성을 위해 이방인들을 동원하십니다. 출애굽할 때 이스라엘만 나온 게 아닙니다. 출애

굽기 12:38을 보면 잡족이 함께 나왔습니다. 하나님은 이스라엘 사람들이 가장 중요하게 생각하는 유월절을 이방인과 함께 지키게 만드셨습니다. 솔로몬 시대에는 15만 3천 6백 명의 이방인들이 이스라엘 회중에 포함되도록 만드셨습니다. 이방인들이 하나님을 섬기는 것을 보면서 '우리도 하나님을 잘 섬기면 저렇게 되겠구나.' 하고 시기 나게 하셨습니다.

이스라엘의 사명과 운명을 하나하나 우리 민족에게 적용시키는 것은 좋지 않습니다. 그러나 한국의 기독교는 구약 이스라엘의 역사에서 깊은 통찰을 얻어야 합니다. 한국의 기독교는 복음의 깃발을 올바로 세워 민족문제, 이웃 국가들과의 선린 관계, 보편적 정의와 선의 확대, 그리고 무엇보다도 중국에서부터 인도, 중근동 지역에까지 해방의 복음을 전하는 제사장적 사명을 잘 감당하기 위해서는 어떻게 해야 하는지 깊이 묵상해야 합니다.

이스라엘은 역사의 흐름을 읽지 못함으로써 결국 패망합니다. 북 이스라엘은 아시리아에게 망하고, 남 유다 왕국은 바벨론에게 망합니다. 특히 유대민족은 망해서 바벨론 127도에 흩어졌습니다. 하나님이 애굽의 고센 땅에서 그들을 어떻게 품으셨는지 생각해 보십시오. 지속되는 불순종 때문에 하나님은 그들을 지리멸렬로 흩어버리십니다. 그러나 여기 엄청난 역설이 숨어 있습니다. 하나님은 흩어진 백성이 회당(시나고그, synagogue)을 세우고 지키게 하셨습니다. 회당으로 흩어진 이스라엘 백성으로 하여금 구약을 보존케 하셨습니다. 구약 히브리어가 세계의 언어인 그리스어로 번역될 수 있는 씨앗을 남겨놓으셨습니다. 바벨론 포로기는 책벌이며 동시에 구원 경영입니다.

# 만민의 기도하는 집

이사야 56:7에 나오는 "만민의 기도하는 집"은 히브리어로 좀더 정확하게 옮기면 "만민을 위해 기도하는 집"입니다. 성전을 낙성하고 봉헌기도를 드리는 솔로몬도 이 점을 정확하게 인식하고 기도했습니다(대하 6:32-33).

"주의 백성 이스라엘에 속하지 않은 이방인에게 대하여도 저희가 주의 큰 이름과 능한 손과 펴신 팔을 위하여 먼 지방에서 와서 이 전을 향하여 기도하거든 주는 계신 곳 하늘에서 들으시고 무릇 이방인이 주께 부르짖는 대로 이루사 땅의 만민으로 주의 이름을 알고 주의 백성 이스라엘처럼 경외하게 하옵시며 또 내가 건축한 이 전을 주의 이름으로 일컫는 줄을 알게 하옵소서."

이 기도가 자민족주의, 그릇된 선민사상에 의해 잊혀지자 하나님은 성전을 가차 없이 헐어버리셨습니다.

느헤미야는 2차 성전이라고 불리는 성전을 중수했습니다. 이후 헤롯도 성전을 세웠지만 성전이 만민을 위해 기도하는 집이 되게 하는 데는 자격 미달이었습니다.

예수께서 가나 혼인잔치의 기적을 일으키시고 난 다음 성전을 청결하게 하시는 이유를 여기서 찾을 수 있습니다. 그분 자신이 성전이 되셔서 만민을 위해 기도하는 집으로 이끄시는 것입니다. "나는 너희 하나님이 되고 너희는 내 백성이 되리라"는 하나님의 역사 경영 목표를 예수님 자신이 몸이 되어 이루시는 것입니다. 우주적 성전을 세우시고, 거기에 들어온 모든 사람들을 복의 유통 기관으로 만드시려고 하신 것입니다.

# 평신도 회복 운동

21세기는 어떤 시대가 될 것인가? 이 문제를 생각할 때 붙들어야 할 전제가 하나 있습니다. 즉, 역사는 교회를 위한 역사라는 것입니다. 이 전제를 깔고 이야기해야 합니다.

21세기는 제2의 종교개혁 시대가 될 것입니다. 하나님은 왕 같은 제사장으로서의 평신도, 의식을 지닌 평신도 지도자를 통하여 교회를 완전히 새롭게 하실 것입니다.

16세기 종교개혁이 참 교회상의 회복이었다면 21세기 종교개혁은 참 평신도상의 회복입니다. 인류 역사를 선교의 역사로 볼 때 21세기의 선교 주역은 소위 전문인 평신도 선교사들입니다. 앞으로는 제자훈련을 통해 자라난 평신도들이 전문인 선교 시대의 주인공으로 등장할 것입니다.

# 고아원이 될 것인가 ???

교회의 역사가 깊어 가고 목회자의 나이가 들어 가도 교회는 젊어야 한다고 생각합니다. 어떻게 교회가 예수님을 닮아 젊음을 유지할 수 있을까요? 나는 젊은 교회를 위해 늘 유기적 교회론의 회복을 주장했습니다. 조직체로서의 교회가 아니라 유기체로서의 교회 말입니다. 교회는 고아원이 아니라 가정입니다.

유기적 교회의 핵심은 무엇입니까? 교회의 머리는 예수 그리스도요, 성도는 그 지체라는 것입니다. 이것을 모르는 사람은 아무도 없습니다. 그러나 이 지식이 체화하지 않았다는 데 문제가 있습니다.

예수 그리스도가 머리라는 것은 무슨 뜻입니까? 열 명이 모이든 천 명, 만 명이 모이든 상관없이 교회는 그리스도의 피 값으로 사신 하나님의 보배라는 것입니다. 영광스러운 교회라는 것입니다.

그러면 솔직히 말해서 교회가 그렇게 영광스럽습니까? 만약 아니라면 누가 그리스도의 영광을 탈취했습니까? 우리는 어떻게 교회의 영광을 회복할 수 있습니까? 무엇보다도 교회가 성령 안에서 하나 되게 하신 것을 힘써 지켜야 합니다. 먼저, 주일 저녁에 밥상머리에 앉아서 교회 지도자나 교회를 비판하는 일부터 하지 말아야 합니다. 아이들에게도 교회가 영광스럽고 아름답다는 것을 보여 주어야 합니다.

교회가 영광스러우려면 교회가 젊어져야 합니다. 젊다는 것은 건강하다는 것입니다. 이 땅에 오신 주님은 몸이 건강하셨습니다. 예수님은 유령(ghost)이 아니셨습니다. 그분은 몸을 입은 하나님이셨습니다. 그 몸은 사람들의 발을 씻기시고, 전도하시고, 십자가에 달려 피 흘리셨습니다.

아프면 건강하게 일할 수 없습니다. 21세기 교회의 과제는 건강한 몸입니다. 따라서 보호 목회보다는 예방 목회, 치유 목회보다는 훈련 목회를 해야 합니다. 훈련소에서 흘린 땀 한 방울은 전쟁터에서 흘린 피 한 방울을 대신합니다.

# 붙어 있음

어떻게 하면 교회가 건강한 몸으로서 기능을 다 할 수 있을 것인가? 이 질문에 대한 바른 답을 찾으려면 머리와 지체의 관계를 생각해야 합니다. 지체는 몸과 붙어 있어야 제대로 된 기능을 발휘합니다. 아무리 각선미가 훌륭하다고 해도 몸에 붙어 있어야 가치가 있습니다. 그러니까 교회와 성도의 관계는 생명의 관계입니다. 성도는 교회를 떠나면 죽은 것이나 다름없습니다. 교회 지상주의를 말하려는 것이 아닙니다. 성도의 수평 이동과 교회의 양 도둑질이 심심찮게 거론되는 현세의 풍조에서는 머리와 몸, 몸과 몸(몸통과 팔다리, 내장과 외부기관)의 연결이 어느 때보다 중요합니다.

## 사람을 위한 투자

1970년대 중반까지만 하더라도 대한민국 어느 지역이든 교회 건물이 제일 아름다웠습니다. 부친께서는 부산의 달동네에서 목회를 하셨는데 그 가운데서도 교회 건물이 제일 멋있고 신선했습니다. 주일학교 교육은 일반 교육을 앞질렀습니다. 구연동화를 들은 곳, 환등기를 처음 본 곳이 교회입니다.

그런데 지금은 어떻습니까? 교회만큼 우중충한 곳이 있습니까? 교회의 교육 방법이 제일 뒤쳐졌습니다. 교회가 사치하면 안 되지만, 사람을 변화시키고 비전 있는 교회가 되기 위해서는 다음 세대를 위하여 새로운 교육 장비를 구입해야 합니다. 새로운 것을 위해 투자하는 것은 결코 사치가 아닙니다.

# 검증

클린턴이 재임 시 추문이 불거져 나와 실망을 안겨 주었지만, 그래도 그는 아칸소 주지사, 검찰총장을 지낼 만큼 공적 업무 능력을 인정받은 사람입니다. 일종의 검증 시스템을 통과한 것이지요.

한국교회가 앞으로 풀어야 할 큰 숙제 가운데 하나가 검증된 리더 양성입니다. 나는 이 문제를 풀 수 있는 간단한 방법이 있다고 봅니다. 그것은 바로 교회 개척입니다. 교회를 개척해서 5년에서 10년 목회했는데 성경적으로 견실하게 잘 자랐다고 하면 훌륭하게 검증된 것이라고 봅니다.

# 영어냐 영혼이냐

한때 남가주 사랑의교회에서는 주일학교 교육을 어떻게 할 것인가를 놓고 격렬한 논쟁이 벌어졌습니다. 논쟁의 중점은 '한글로 할 것인가, 영어로 할 것인가?'였습니다. 감사하게도 결론은, 한글도 영어도 중요하지만 복음이 더 중요하다고 내려졌습니다. 참으로 맞는 말입니다. 그리고 이런 부언이 따랐습니다. '복음이 더 중요하다면 아이들이 잘 알아들을 수 있는 말로 복음을 전해야 한다.' 그래서 주일학교 교육이 영어로 이루어졌습니다. 그런데 문제는 다른 데 있었습니다. 영어로 복음을 전하면 교육이 다 될 줄 알았는데 오히려 아이들을 놓쳐버렸습니다.

나는 여기서 크게 깨달은 것이 있습니다. 문화적 정체성은 영적 정체성과 따로 놀지 않는다는 것입니다. 복음으로 문화를 정복하겠다는 생각을 버렸습니다. 복음과 더불어 문화의 알맹이와 작용방식이 함께 가야 합니다.

당시 많은 사람들이 "두고 봐라. 10년만 지나면 한국말은 없어지고 영어가 교회의 주가 될 것이다." 하고 호언장담했습니다.

그런데 20년이 지난 지금, 그 때보다도 훨씬 더 한국말, 한국문화가 이민교회의 주가 되어 있습니다. 그렇다고 교회가 줄어들지도 않았습니다. 교회는 점점 더 커졌습니다. 한인사회의 외형도 엄청나게 팽창했습니다. 20년 전만 하더라도 100만 달러짜리 교회를 세우면 큰 뉴스거리였는데 말입니다.

다인종 교회(multi-ethnic church)나 다인종 사역을 이민교회가 나아가야 할 궁극적인 목표요 이상이라고 말하는 사람들이 있습니다만, 나는 조금 다르게 생각합니다. 다인종 교회는 쉽게 이루어지지 않을 것입니다. 지금까지 다인종 교회가 잘 되는 선례가 거의 없었고, 앞으로도 쉽지 않을 것입니다. 오히려 나는 한국교회로 돌아오는 2세들을 주목하고 있습니다. 미국교회로 건너갔던 2세들이 회귀하는 것입니다. 심지어 "가 보니까 아무 것도 아니다." "거기도 역시 인종의 벽이 있다." 그리고 더 나아가서는 "우리가 한국교회의 영성을 잘 몰랐고 또 과소평가했다."고 말합니다.

# 신드롬

9년 전 런던 정경대(London School of Economics and Political Science, 런던 대학교 사회 과학 대학)에 적을 두고 있는 한 자매에게 물었습니다.

"21세기를 관통하는 경제의 화두가 무엇입니까?"

자매는 머뭇거림 없이 "인터넷"이라고 대답했습니다. 그 때의 기억을 떠올리며 나 자신에게 다시 묻게 됩니다.

'장차 우리 겨레의 삶, 그리고 교회의 행보에 가장 심원한 영향을 줄 사회경제적인 요소는 무엇인가?'

그것은 속도(Speed)라고 생각합니다. 속도는 여러 모양으로 변환하여 사회 전반과 심지어는 우리의 사고 구조에 영향을 끼칩니다. 벌써 이런 조짐이 여러 군데에서 나타납니다. 한국만큼 신드롬이 잘 일어나는 나라가 없습니다. '잘 먹고 잘 사는 법'과 같은 TV 프로그램에서 어떤 음식이 좋다고 하면 금새 그 음식이 뜹니다. 또 뉴스에서 비브리오 균이 나왔다고 보도하면 하루만에 횟집에 파리가 날립니다. 미국이나 중국 같은 큰 나라들은 신드롬이란 게 없습니다. 왜냐하면 한 나라를 얽어매는 구심점 자체가 없기 때문입니다. 개성과 다양성만 있을 뿐입니다.

 나라가 작기 때문인지, 속도가 중요한 사회적 가치로 부상한 탓인지 여자들의 화장과 머리 모양, 복식이 똑같습니다. 속도감은 문화적 천박과 곧장 연결되지만, 그 속도에 영적인 자갈을 먹여 놓으면 이른 바 월드컵 4강과 같은 신화가 탄생됩니다. 겨레의 에너지가 될 수 있습니다. 이 에너지 분출과 관련해서 아마 북한이 가장 중요한 코드가 될 것입니다. 북한은 부패한 위정자와 거기 기생하는 무능한 직업 관료들을 제외하고 일반 서민들은 무공해입니다. 이들이 남한 사회의 경박한 신드롬이나 문화적 천박으로 전락하지 않게 막으면서, 민족적 에너지 분출의 관창(nozzle)이 될 수 있도록 해야 합니다.

## 성공 정의

LA에서도 뭐 하나 잘 된다고 소문만 났다 하면 모두들 달려듭니다. 세탁소, 음식점, 노래방, 찜질방……. 아무튼 우후죽순처럼 세워지고 또 다같이 망합니다. 이런 조급증, 잘못된 속도감각이 여유의 문화로 치환되기 위해서는 교회가 영적 세계에 대한 안목을 심어 줘야 합니다. 인생의 보람과 성공에 관하여 영적인 정의를 정확히 내려 줘야 합니다. 또한 그 외의 것들에 대해서는 허무를 외쳐야 합니다. 비전과 소명, 은사와 나눔의 삶이 아니면 무의미한 것임을 말해 줘야 합니다. 누가 자살한 헤밍웨이를 성공했다고 말할 수 있습니까? 헤밍웨이가 어떤 유언을 남겼는지 아십니까?

"이 무의미한 인생의 행진을 접는다."

노벨상을 받은 것이 무슨 소용입니까? 엽총을 입에 물고 자살해서 그의 아내가 치아를 찾기 바빴다고 합니다.

나는 인생에는 세 가지 종류가 있다고 생각합니다.

첫째, 생존하는 인생입니다. 이 사람의 유일한 소망은 노는 것입니다. 예를 들면, 돈 벌어 외제차 타고, 룸살롱 드나들고, 명품

쇼핑하면서, 골프 칠 수 있으면 인생 성공이라고 생각하는 것입니다. 그러나 정말 그렇습니까? 이렇게 해서 인생이 만족됩니까? 이렇게는 인생의 보람을 느끼지 못합니다.

둘째, 성공 지향적인 인생입니다. 사회적으로 어느 정도 일가를 이루어낸 사람들 중에는 일과 성공에 목숨을 거는 사람들이 있습니다.

셋째, 영적으로 성공하는 인생입니다. 어떻게 하면 영적으로 성공할 수 있습니까? 소명을 발견해야 합니다. 소명을 발견하고 나서는 은사를 극대화해야 합니다. 나만 성공하는 것이 아니라 나로 인하여 다른 사람들이 성공할 수 있게 해야 합니다. 이쯤 되면 문화의 향기와 깊이는 저절로 고품질이 됩니다.

## 한국의 가능성

한국은 잘하면 높은 경지에 도달할 수 있습니다. 왜냐하면 나름대로 수준이 높기 때문입니다. 자연을 깊이 있게 보고 사조(思潮)에 민감하기 때문입니다. 한국인은 사상적인 변별력이 매우 높고 입맛이 까다로운 민족입니다. 감수성이 뛰어납니다. 결코 문화 코드가 약하지 않습니다. 미국의 줄리어드 음대를 누가 점령했습니까? 재능 있는 한국 사람들이 하도 많이 들어오니까 이제는 아주 입학 쿼터제를 두어서 한국인들을 일정 수 이상으로는 받을 수 없게 했습니다.

캄보디아 사람들은 화성(和聲)을 배운 지 20여 년밖에 안 됐다고 합니다. 그런데 우리 한국 사람들은 1900년대 초반, 복음을 전해 받고 얼마 되지 않아서 벌써 코러스를 할 줄 알았습니다.

# 한 사람 철학

나는 남가주 사랑의교회가 10명 정도 모일 때부터 골로새서 1:28-29의 말씀을 붙들고 한 사람, 한 영혼을 세웠습니다.

"우리가 그를 전파하여 각 사람을 권하고 모든 지혜로 각 사람을 가르침은 각 사람을 그리스도 안에서 완전한 자로 세우려 함이니 이를 위하여 나도 내 속에서 능력으로 역사하시는 이의 역사를 따라 힘을 다하여 수고하노라."

누가 하나님 앞에서 온전한 자라 말할 수 있겠습니까마는, 나는 그 중심을 하나님 앞에 둔 자를 만들어내는 목표로 지금까지 달려왔습니다. 이런 마음으로 한 사람을 제대로 키운다고 생각하니 좌절할 것도, 실망할 것도, 낙심할 것도 없습니다.

# 도덕적 해이

도덕적 해이(moral hazard)는 도덕 그 자체의 문제는 아닙니다. 왜 도덕적 해이가 찾아올까요? 마음에 만족이 없기 때문입니다. 진짜 중요한 것에 대한 감각이 흐려지면서 찾아오는 것입니다. 이것저것 엉뚱한 것에 신경 쓰다가 하나도 중요하지 않은 일에 인생을 허비하게 됩니다.

# 사역의 보람

한 사람, 한 영혼의 가치를 발견하면 실망할 것도 좌절할 것도 없습니다. 사역이 안 되는 것도 고민이지만, 잘 되어도 고민입니다. 사역은 크다, 작다로 판단할 것이 아니라, 먼저 보람과 소망을 생각해야 합니다. 그래서 사역자들에게 이렇게 말해 주고 싶습니다. 먼저 20대의 사역자들에게는 "거부하라. 평범한 죽음을", 30대에게는 "불타는 소명감으로 움직이라", 40대에게는 "분명한 목회철학으로 일하라"고 말하고 싶습니다. 그리고 목회 선배님들의 말씀에 따르면 50대 사역자들에게 중요한 것은 '균형 잡힌 건강'이라고 합니다.

# 영혼, 감성, 체험

제자훈련 혹은 소그룹 사역은 어느 날 갑자기 하늘에서 떨어진 것이 아닙니다. 이것은 이미 20세기 초엽에 배아 형태로 교회 안에 모습을 드러냈습니다. 남침례교회의 장년주일학교(Sunday School for Adults)가 바로 그것입니다. 이 전통이 20세기 중후반까지 소그룹 사역으로 이어졌습니다.

그렇다면 앞으로는 어떻게 될까요? 아마도 영적 형성(Spiritual Formation)이 중요해지는 시대가 될 것입니다. 이런 분석은 시대의 조류와도 일치하는 점이 없지 않습니다. 21세기는 흔한 말로 포스트모던 시대입니다. 포스트모더니즘은 영혼(soul), 감성(emotion), 체험(experience)을 강조합니다.

## 닮기

영성을 한마디로 요약하면 무엇입니까? 예수님처럼 되고 예수님처럼 사는 것입니다. 예수님의 특성을 지니는 것이고 예수님을 닮아 가는 것입니다.

제자훈련의 진수는 예수님을 닮게 하는 것입니다. 따라서 제자훈련의 관건은 '다른 사람을 위하여 예수님을 닮아 가는 것'이라고 할 수 있습니다. 왜냐하면 나만을 위해 예수님을 닮겠다고 하면 다른 종교에도 존재하는 내면 수양과 거의 다를 바가 없기 때문입니다. 우리는 다른 사람을 위하여 살 때, 다른 사람에게 회복된 인간성, 치유받은 신적 형상(Imago Dei)을 반영할 때 비로소 삶의 보람을 느끼는 사명적 존재입니다.

# 용기가 중요하다

역사를 통해서 배울 수 있는 가장 중요한 것은 용기와 긍정적인 생각입니다. 인생이 너무 힘들기 때문에 용기가 필요하고, 인생이 지극히 어렵기 때문에 긍정적인 생각이 필요합니다.

## 사역의 등뼈

어떤 분야든지 극점으로 올라가면 사상의 등뼈가 있어야 합니다. 사진, 운동 등 어떤 인간 활동의 극치도 사상적 배경 없이는 가능하지 않습니다. 운동선수들이 철학적 명제 없이 자기 절제가 가능할 줄 아십니까? 절대로 아닙니다. 어떤 영역이든 일가를 이룬 사람들은 자기 분야를 통해 세계를 볼 수 있는 안목과 사고방식을 가지고 있습니다.

교회 사역은 지상에서 가장 독특한 것입니다. 소명과 보람 없이는 의미가 없습니다. 사역의 보람은 무엇입니까? 그것은 한 사람이 온전한 자, 성숙한 신국 시민으로 세워지도록 힘을 다해 수고한다면 그런 사람이 얼마나 되든지 두려워할 것도, 아쉬워할 것도, 실망할 것도 없다는 자세에서 찾아집니다. 이런 자세를 다음 세대에 전수할 책임이 내게 있다고 생각합니다.

# 헝그리 정신

사역자에게 헝그리 정신은 종 됨의 정신(servant-ship)입니다. 나는 종 됨의 정신을 제자훈련에서 찾습니다. 일주일 내내 십여 명 안팎의 신자들을 소그룹으로 만나 그들의 영혼을 말씀으로 섬기는 일은 보통 헝그리 정신으로는 꿈도 못 꿀 일입니다. 3시간 정도의 강의는 할 수 있어도, 귀납법적인 질문을 통해서 영혼의 문제를 건드리고 사람을 변화시켜 나가는 것은 헝그리 정신 없이는 안 될 일입니다. 이렇게 3시간 정도 되는 소그룹 모임을 마치고 나면 머리가 어질어질하고 어떤 때는 말도 꺼내기가 싫습니다. 그러나 소그룹 모임을 제대로 인도하면 내 영혼의 부딪침과 변화를 목도하는 흥분과 감동 때문에 잠을 설치는 일이 허다합니다.

## 야전군 정신

한국에서 대학부 4년을 다니면서 '브릿지'(네비게이토에서 개발한 복음 제시법)를 사용해 불신자를 전도한 것이 적어도 천 번은 될 것입니다. 숱한 영혼이 복음에 대한 도전과 촉구를 받고 예수님을 영접했습니다.

그때 내 마음에서 일어났던 영적 해일, 벅찬 감동과 도전 때문에 아직도 내 사역에 '땅으로 내려오기'(down-to-earth)와 '성육신'(incarnation)이 일어나고 있다고 자부합니다.

후배들에게도 이러한 영적 야전군 정신을 회복하라고 권합니

다. 영적인 선비정신과 사농공상의 잔재를 패배주의와 냉소주의의 적치장에 내버려야 할 것입니다. 그래야 한국교회에 부흥이 다시 옵니다.

## 지식의 지배

나는 신학교를 네 군데 다녔습니다. 교단 신학교 두 군데, 독립 신학교 두 군데였습니다. 내가 깨달은 것은 완벽한 신학교도 없고 완벽한 교단도 없다는 것입니다. 신학의 문제에 관해서는 겸손해야 합니다. 학문성과 전문성이 부족한 신학교일수록 더 완고하고 고집투성이입니다. 인간 지성에는 한계가 있습니다. 신학의 수준이 높아질수록 두 가지 성향이 감지됩니다. 미국 신학교들이 지금 그런 성향을 보이고 있는데, 하나는 신학이 철학으로 가는 것이고 다른 하나는 종말론을 강조하는 것입니다.

그래서 신학을 공부하며 목회를 준비하는 후배들에게 당부하고자 합니다. 신학의 철학화, 종말론 우위, 이 두 가지 모두 극단으로 흐를 위험이 있습니다.

나는 신학이 학문성을 유지하면서도 경건성을 잃지 않을 수 있는 한 방법으로 신학의 커리큘럼 전체가 다시 짜여져야 된다고 생각합니다. 즉, 성경 전권을 석의(exegesis), 강해(exposition) 할 수 있도록 언어와 해석학적 개념을 통달하는 쪽으로 짜여져야 합니다. 한마디로 성경 중심적 신학교육이 이루어져야 합니다.

아무리 공부를 많이 해도 바다에서 물 한 바가지 떠서 모래에 붓는 것과 같습니다. 나는 늘 이렇게 기도합니다.

'하나님 아버지, 신앙(faith)이 지식(knowledge)의 통제를 받지 말게 하시고, 지식이 신앙의 통제를 받게 하옵소서.'

기적이란 자연법칙이 초자연법칙의 지배를 받는 것인데, 학문의 세계에서도 얼마든지 신앙이 지식을 지배하는 기적이 일어날 수 있습니다.

## 초교파

미국의 주류 교단들, 감리교, 장로교는 몰락세에 있습니다. 하버드 대학 근처의 교회를 가 보면 노인들밖에 없습니다. 복음적 개혁주의를 자처하는 교단들도 성경을 하나님의 말씀으로 믿고 선교를 강조하는 몇몇 교회들 외에는 성장세를 보인다고 할 수 없습니다. 제임스 케네디의 코럴리지 장로교회, 앨라배마 버밍햄에 있는 브라이얼우드 교회 등이 여기 속한다고 봅니다. 여기에 한국 이민 장로교회로서 워싱턴 중앙장로교회, 뉴욕장로교회, 나성 영락교회, 남가주 사랑의교회가 손꼽힐 정도입니다. 오히려 지금은 독립교회들, 갈보리 채플, 윌로우크릭, 새들백 등이 왕성하게 성장하고 있습니다. 호주의 힐송, 싱가포르의 하베스트도 놀랍게 발전하고 있습니다.

# 제2의 종교개혁

16세기의 종교개혁은 온 천지가 기독교로 둘러싸여 있는 환경 속에서 일어났습니다. 기독교 문화, 기독교 건축, 기독교 정치……. 따라서 개혁의 목표는 제도화되어 생명력을 잃고 타락한 기독교로부터 교회의 순수성을 회복하는 것이었습니다. 그러나 21세기의 상황은 16세기 종교개혁 시대와 전혀 다릅니다. 우리는 더 이상 기독교 문화가 대종이요 주류인 시대에 살고 있지 않습니다. 이제 우리는 소수(minority)입니다.

작금의 상황은 1세기 교회와 닮아 있습니다. 1세기 교회는 로마의 범신론(pantheism), 황제숭배(emperor cult)와 목숨을 걸고 싸웠습니다. 좀더 순수한 교회가 아니라, 교회가 교회로서 존립할 수 있느냐 없느냐, 이것을 놓고 쟁투하는 상황이었습니다.

지금 우리가 이런 상황에 다시 놓이게 됐습니다. 종교개혁이 추구한 교회는 '에클레시아 쌔크리드'(거룩한 공동체)입니다. 지금도 교회는 성성(聖性)을 추구해야 하지만 상황을 볼 때 너무 완벽한 교회론, 정적인 교회론입니다.

교회 하나 지으려고 하면 피켓 시위를 하고 난리가 납니다. 미국이든 한국이든 성경적 윤리를 공론화하면 골통 보수분자로 사회적 낙인이 찍힙니다. 이런 상황에서는 오히려 1세기의 교회론, 즉 '전투적 교회'가 맞습니다. 따라서 '세상으로부터 부름받은 자들의 모임'만 강조할 게 아니라, '세상으로 보냄받은 소명자의 전체 삶'을 강조해야 합니다.

'평신도의 정체성 회복과 사역자로서의 구비'라는 대명제는 이러한 절박한 교회론적 인식에서 나오는 것입니다. 제자훈련은 종교 중산층의 한가한 사교모임이 아닙니다.

# 소그룹과 귀납법적 성경연구

농경사회, 혹은 산업사회에서는 일상적 삶과 종교적 삶에 어느 정도 구별이 있었습니다. 출생, 세례, 성인의식, 혼례, 장례 등 중요한 인생사를 성직자들과 의논하고 그들에게 이 통과의례의 집전을 부탁했습니다. 이 때의 종교적 교훈은 말하는 성직자와 듣는 회중으로 나뉘어 전달됐습니다.

그러나 정보화 사회, 지식 사회에서는 사정이 다릅니다. 현대인의 특징 중에 하나는 일방적으로 남의 말을 듣는 것에 관심이 없다는 것입니다. 특히 서구인들은 더합니다. 자기 자신이 준비해 와서 확인하고, 다른 사람에게 말한 것에 대해 책임, 애정, 무게를 둡니다. 귀납법적 성경연구는 이런 배경에서 나왔습니다. 사람이 어떤 환경에서 메시지를 가치 내면화하는지에 대해 면밀한 연구가 이루어졌습니다. 병원, 군대, 교도소, 회사, 사회단체 등에서 연구된 결론을 바탕으로 소위 소그룹의 역동성 원리가 발견됐습니다.

## 체험학습 ???

　　**수년** 전부터 전인격적인 영적 형성 시대로 접어들었습니다. 지성주의와 계몽주의의 연장선에 있었다 할 20세기에는 정보와 지식만으로 승부가 났습니다. 그러나 이제는 그것만 가지고는 안 됩니다. 여기에 21세기의 세 가지 주제어인 영성, 감성, 체험이 보태져야 합니다.

　한 가지 예를 들어보겠습니다. 20세기에는 인문학적 지성을 높이려 할 때 독서가 으뜸의 방법이었습니다. 그러나 이제는 박물관의 전시물도 지식의 소스로 취급됩니다. 하버드에 있는 동안 한·중·일 3국의 병풍 전시회가 열렸는데, 흥선대원군의 난초, 16세기에 활동한 유덕찬이라는 화가(사군자 중 대나무만을 그린 화가로 유명함)의 8폭 대나무 병풍이 전시되어 있었습니다. 특히 유덕찬은 봄여름가을겨울의 대나무 풍경을 2폭씩 나눠 그렸는데 가히 압권이었습니다. 그 8폭 병풍 앞에서 한참이나 넋을 잃은 듯 감상한 적이 있습니다.

　전 같았으면 책을 통해 그의 예술철학이라든지 화풍에 관해 지식을 습득하는 게 전부였겠지만, 이제는 감흥이 뒤따르는 체험이 학습에서 빼놓을 수 없는 요소로 강조되고 있습니다.

  영성도 마찬가지입니다. 그래서 예배에도 찬양과 더불어 눈으로 보는 요소, 즉 그림, 사진이 들어갑니다. 체험과 나눔의 요소인 간증이 들어갑니다. 중보기도라는 참여의 요소가 들어갑니다.

# 인본주의 이해 222

**칼빈** 사상의 키워드가 무엇입니까? 이성과 계시입니다. 칼빈에게 있어서 '계시'는 하나님의 인격적 자기 폭로입니다. 우리가 알아들을 수 있게 하나님 자신을 보여 주신다는 것이지요. 따라서 칼빈에게 지성, 이성은 무거운 비중을 차지합니다. 그런데 여기서 심각하게 생각해 봐야 할 점, 칼빈 사상만을 금과옥조인 양 부들부들 떨며 폐쇄적으로 받드는 교단이나 교회치고 부흥, 발전하는 교회를 찾기가 쉽지 않다는 것입니다.

좀 거칠게 볼 때, 엄숙한 칼빈 사상에 반기를 든 두 사상 조류가 있습니다. 하나는 자유주의(liberalism)이고 다른 하나는 오순절 성령운동(pentecostalism)입니다. 언뜻 보기에 이 둘은 상극인 것 같지만 묘하게도 통하는 점이 있습니다. 그것은 이 둘을 극한점으로 밀어붙여 보면 똑같은 지점에 도달하는데 그게 바로 인본주의라는 것입니다. 자유주의가 인본주의라는 것은 얼른 이해가 되지만 오순절 성령운동이 인본주의라는 말은 쉽게 이해되지 않을지도 모릅니다.

오순절 성령운동은 하나님의 초월을 인간 현실 안으로 내재케

하려는 실용적인 노력이라고도 해석할 수 있습니다. 초월의 하나님을 현실에서 경험하게 하도록 안내한다는 것입니다. 부정적으로 말하면 하나님을 사람에게로 끌어내린 것입니다. 바로 이 점에서 오순절 성령운동은 인본적이라고 평가하는 사람들도 있습니다.

여기서 간과하지 말아야 할 중요한 교훈이 있습니다. 칼빈이 주장하는 하나님의 절대주권과 계시의존적 사색, 이 두 마디의 말을 읊조리는 것만으로는 부족합니다. 우리는 여기에 우리 두 발을 굳게 내딛으면서도 한 걸음 더 나아가야 합니다.

나는 이런 과제와 관련해서 다시 한번 제자훈련의 위대함을 깨닫습니다. 제자훈련의 요체가 무엇입니까? 주님께서 신적 주권과 계시의 손상 없이 인간으로 내려오신 것입니다.

## 순교자, 설교가, 영성가…

한국교회에는 사람 자원이 없지 않았습니다.
문제는 이 사람들을 엮고 이끌어 더 큰 힘이 나오게 하는 교량 건축가, 네트워킹 전문가가 없었다는 것입니다.
한국교회 멘토링 첫 수혜자로서, 나는 양손을 뻗어 복음주의 운동 1세대와 3세대를 잇고자 합니다.
목회자를 목회하는 목회자 시대를 살며 쌓은 경험과 고민으로 조심스럽게 열어 보이려 합니다.

사람,
**키움과** 이끎의 철학

## 서울로 가는 이유

**나는** 글로벌 감각의 혜택을 받은 천성적 민족주의**자입니다.** 초등학교 1학년 때부터 할아버지, 아버지의 기도를 듣고 자랐습니다.

'하나님, 155마일 휴전선과 850마일 해안선을 지켜 주시옵소서.'

마일이 뭔지도 모르면서 해안선이 850마일이라고 읊조릴 정도로 귀에 못이 박히도록 들어 온 기도입니다. 나는 할아버지와 아버지로부터 아주 자연스럽게 '한국적 영성'을 물려받았습니다. 나는 지난 20년 동안 영주권자로 미국에 살았습니다. 시민권을 받지 않았습니다. 민족의식이 작용한 탓이지요.

나는 복음으로 재해석한, 국제화된 민족주의자로 살고 싶습니다. 내게는 복음과 애국이 전혀 충돌하지 않습니다. 그리고 20년간 거의 한 달도 빠지지 않고 한국의 저명 시사월간지들을 읽었습니다. 서울에 사는 분들만큼이나 한국 돌아가는 정세를 잘 파악했을 것입니다.

내가 남가주 사랑의교회를 떠난 이유는 이것입니다. 나는 선대를 너무나 사랑합니다. 그분들의 질박한 영성을 다음 세대에게 소개하는 것이 나의 사명입니다. 지난 15년, 남가주 사랑의교회를 목양하면서 복음, 민족, 선교의 의식을 어느 정도는 심어 놓았다고 생각합니다. 1.5세와 2세들을 새롭게 키우는 사명은 이제 나의 소임 밖입니다. 내 마음, 생각, 의도, 그리고 불붙는 심정을 가감 없이 내 입장에서 전달하는 데 한계를 느꼈습니다. 여하튼 교회의 유익을 최우선시할 때 어떤 결심이든 하나님께서 선하게 인도하시는 줄 믿습니다.

아울러 제자훈련하는 교회가 제대로 된 리더십 쉬프트를 통해 하나의 역할 모델(role model)이 되는 것을 보여 주고 싶다는 옥한흠 목사님의 생각에 전적으로 동의하는 마음도 이번 이임에 크게 작용한 요소였습니다.

## 교량 공사

미국 사역을 마감하고 한국으로 떠나면서 한국 복음주의 교계에서 나의 역할과 기능이 무엇인지 생각해 보았습니다. 그리고 교량 노릇을 해야 한다는 결론을 내렸습니다. 내 선대의 선배 목회자들은 고난을 통과한 독특한 영성의 형성기를 보내신 분들입니다. 그분들의 고난과 영성이 신세대에게로 갑자기 내려가기에는 무리가 따릅니다. 1세대의 영성을 알고 3세대의 고민을 아는 변압기형 사역자가 이 두 세대를 이어야 한다고 봅니다. 나는 이 교량화에서 내 사역의 의미를 찾습니다.

# 밑바닥 정서

교인이 천 명만 넘어도 목사가 성도들의 밑바닥 정서를 못 읽습니다. 무슨 일이 일어나고 있는지 모릅니다. 그러니까 설교도 자기 스타일을 고집합니다. 성층권으로 올라가 버리는 것입니다. 그러나 제자훈련을 하면 날마다 소그룹을 서너 개씩 해야 합니다. 자연스럽게 성도들의 밑바닥 정서와 애환, 고민, 기도제목, 영성을 알게 됩니다. 이렇게 하면 3천 명, 5천 명이 모여도 기본 흐름을 놓치지 않습니다. 그러니까 설교에서도 성육신이 일어나는 것입니다. 정통적인 복음주의 신앙을 가지고 있는 사역자일수록 빨리 이런 요점을 터득해야 합니다.

# 자기점검 장치

**왜** 많은 사역자들이 좋게 출발해서 나쁜 결말로 끝날까요? 모든 권력은 파괴적입니다. 따라서 사역자 나름대로 어떤 경계선을 그어 놓아야 합니다. 나름대로 경고등을 만들어야 하는 것이지요. 목회도 모이는 숫자가 많아지면 자기도 모르게 권력자가 되고 맙니다. 이 권력에 맛을 들이면 엄청난 파괴력 앞에 무릎을 꿇게 됩니다.

제자훈련을 하면 이 파괴성이 생산성으로 바뀝니다. 제자훈련을 하면 날마다 자기를 돌아봐야 합니다. 하루 세 시간씩 소그룹, 귀납법적 성경공부를 인도하면 하루이틀은 속일 수 있어도 더 길게는 사람들과 자신을 속일 수 없습니다. 자기가 영적으로 엉터리인데 다른 사람들을 함부로 체크할 수 있겠습니까? 자기는 암송 안 하면서 암송하라고 할 수 있겠습니까? 자기는 큐티가 엉망인데 큐티를 잘 적용하라고 말할 수 있겠습니까? 적용의 은혜가 없으면서 다른 사람에게 적용 잘 하라고 할 수 있겠습니까? 그럴 수 없습니다. 제자훈련을 하면 자기 삶을 투명하게 드러내야 합니다.

# 아우름

균형 잡힌 의식으로 상식을 존중하면서도 상하, 선후, 좌우를 아우르며 새로운 역사를 창출해야 할 소명……, 바로 그 소명이 내 안에 있음을 고백합니다.

# 리더

좋은 목회자, 좋은 설교가가 있지만 좋은 리더가 없는 게 한국교회의 문제입니다. 좋은 리더란, 한마디로 시스템을 바꾸는 사람입니다. 특별히 복음주의적 교회는 성경을 하나님의 말씀으로 믿으면서도 어떻게 사회적 책임을 감당할 것인가라는 과제 앞에 서 있습니다. 나는 전후 세대로는 처음으로 6년 전 북한을 방문하고 근자에도 평양을 방문했습니다. 그러면서 북경, 평양, 서울을 LA, 워싱턴과 연결시키는 네트워킹에 대해 깊이 생각하게 됐습니다.

나는 다리 역할을 하는 사람입니다. 내가 세워놓은 복음과 역사의 현수교 위로 뚜벅뚜벅 걸어오는 다음 세대를 꿈꿉니다.

# 제자훈련론의 심화

옥한흠 목사님은 단순한 제자훈련 코치나 훈련가가 아닙니다. 이분은 20세기를 살면서 21세기 교회를 염려하고 바라본 사상가요 신학자입니다. 나는 옥 목사님의 교회론과 제자훈련론을 그대로 전수했습니다. 그리고 그 사상적 토대 위에서 제자훈련론에 시대에 맞는 옷을 갈아 입히는 작업을 할 것입니다. 옥 목사님이 평생에 걸쳐 붙들고 씨름한 사도적 교회론과 철저한 제자도를 동일하게 유지하면서도, 복음의 좀더 포괄적인 측면, 즉 복음이 한 겨레와 사회를 책임지는 의무에 관해 고민할 것입니다. 전략과 전술 차원에서 제자훈련 방법론에 새로운 문화 코드를 삽입해 나갈 것입니다. 국제화한 민족주의, 복음으로 거듭난 민족주의, 세계를 품는 민족주의, 세계 선교에 잇닿은 민족주의, 역사 의식이 있는 민족주의. 나는 이런 가치를 표방할 것입니다.

# 감동과 전문지식

앞으로 내 사역은 크게 두 가지 코드를 타고 흘러갈 것입니다.

하나는 감동을 통한 변화입니다. 우리는 영과 혼의 사람들입니다. 찬송을 드려도 감동할 수 있어야 합니다. 찬송에 기름 부음이 있도록 감각 있게 선별해야 합니다. 사람들은 감동 있는 찬송을 통해서 하나님이 주시는 평안을 알아 갑니다.

또 다른 하나는 최정상의 전문가 집단을 만드는 것입니다. 기독교문화연구소, 정보사회연구소, 목회자료연구소, 사회조사연구소, 가정연구소, 리더십연구소, 미래교회연구소, 목회정보연구소, 교회갱신연구소 등 최정예 기독교 인문사회 연구가 집단을 형성할 것입니다.

목회자 가운데는 글을 쓰는 분들이 있지만 워낙 목회가 바쁘다 보니 글 쓰는 데 많은 시간을 투자하지 못합니다. 한국에서 김용옥이나 오강남 부류의 종교 다원주의자들이 '예수는 없다'는 식의 글을 냈을 때, 이들의 무지를 지적해 줄 충분한 인문학적 지성을 지닌 전문가들이 공동 대응을 했어야 한다고 봅니다. 전문적인 연구 집단이 팀을 이뤄서 어떤 분야에서 도전이 오더라도 그것을 압도할 만한 이론과 실천력으로 깔아뭉개 줄 연구가 집단이 있어야 합니다. 이런 문제는 개인적인 열심과 문제의식으로는 절대 풀리지 않습니다. 네트워킹에 들어가야 합니다.

# 부흥회 같은 당회

조직체와 유기체. 21세기 사역의 성패를 가름할 수 있는 화두입니다. 조직체의 대표적인 형태는 무엇입니까? 고아원입니다. 유기체의 대표적인 형태는 가정입니다. 교회가 조직체로 남을 것인가, 유기체로 남을 것인가에 대한 사역자 자신의 결단이 중요합니다. 교회가 건물, 조직, 일, 계획 중심일 때는 아무리 유기체를 외쳐도 조직체로 갈 수밖에 없습니다. 교회가 유기체로 남기 위해서는 모든 프로그램과 인사, 재정의 목표가 '사람의 변화'에 맞춰져야 합니다.

한국교회가 싸워야 할 이원론은 주일예배와 생활예배, 혹은 성과 속의 구별입니다. 이런 종류의 이원론은 당연히 물리쳐야 합니다. 유기체론에 눈뜬 사역자의 입장에서 몰아내야 할 이원론이 바로 이것입니다. 정말 심각한 문제입니다. 철야기도 할 때와 제직회 할 때 사람이 다릅니다. 당회 할 때와 주일예배 드릴 때가 부동합니다. 제자훈련 할 때와 공동의회 할 때 사람이 표변합니다. 이것도 이원론이며, 이를 완전히 타파해야 합니다. 그래야 유기체가 됩니다.

교회의 목표는 사람의 변화입니다. 그렇다면 제직회에서도 상황에 따라 간증할 수 있습니다. 왜 못합니까? 당회에서도 통성기도 할 수 있어야 합니다. 제직회에서 지난 두세 달 동안 은혜받은 위대한 찬양들을 부르면서 은혜받을 수 있어야 합니다. 이렇게 될 때 비로소 참된 진보와 성숙이 교회 구석구석으로 흘러 들어가기 시작합니다.

사람은 유기적으로 변화하면 자기를 변화시켜 준 그 조직체를 사랑하게 됩니다. 자식이 왜 부모를 사랑하고 가정을 사랑합니까? 그 가정에서 자라고 변화했으니까 그러는 것입니다. 교회도 마찬가지입니다. 사랑의교회가 분명 부족한 점이 많지만 왜 좋은 평가를 하는 사람들이 있습니까? 이 교회에서 변화한 사람들이 수두룩하기 때문입니다. 이런 사람들은, 누군가가 담임목사가 어떻고 장로가 어떻고 이야기하면, "여러 말 하지 마시오. 내가 여기서 변화했소." 하고 한마디 던집니다. 이런 교회는 직분이 아니라 영혼에 대한 열정과 성령님의 기름 부으심으로 일합니다. 차이는 여기서 납니다.

# 창조적 소수

나는 대중을 믿지 않습니다. 대중은 역사적인 분기점 앞에서 늘 관망합니다. 예수님의 지상사역을 봐도 군중은 언제나 악역입니다. 의미 있는 일을 하는 적이 없습니다. 중요한 일은 의식 있는 소수에 의해 이뤄집니다. 나는 마음 맞는 사람 3명만 모여도 나라가 선다고 믿는 사람입니다. 중국에 갔을 때도 일부러 유비의 출신지이며 도원결의(桃園結義)의 고장인 사천성을 샅샅이 뒤졌습니다.

중국의 14억 인구 가운데 공산당은 불과 5퍼센트도 안 됩니다. 그 소수의 공산당원들이 중국을 움직입니다. 공산당이 14억을 움직이는 비결이 있습니다. 중국 공산당은 처음부터 소수가 움직였습니다. 중국 공산당의 초기 멤버들은 기껏해야 정강산의 23인 동지라고 하는 한 줌의 공산주의자들이었습니다. 그중에서도 첸뚜슈와 리다쟈오라는 두 사람의 혁명가가 중국 공산당의 기초를 놓았습니다.

알렉산더가 정복 전쟁을 할 때 거느린 군대가 3만 명 미만의 정예군임을 아십니까? 그중에서도 핵심 참모는 열 명도 안 됐습니다. 알렉산더 사후, 영토를 분할한 참모들, 그들은 사실 알렉산더의 친구들이었습니다. 이들은 17세부터 한 곳에 모여 스승 아리스토텔레스에게서 2, 3년 동안 훈련을 받았습니다. 요즘 식으로 따지면 고등학교를 같이 다닌 것입니다. 이들이 대제국을 건설했습니다.

# 실력

현실 사역에서 실력이 무엇입니까? 사람의 변화를 위해 필요한 뒷받침을 할 수 있는 능력입니다. 돈과 사람을 바른 일에 바른 방법으로 동원할 수 있는 능력입니다.

북한 돕기를 예로 들어봅시다. 많은 사람들이 인도주의적 차원에서 북한을 도와야 한다고 주장했습니다. 특히 한국의 진보적인 교단과 사회단체들이 그랬습니다. 그런데 정작 북한에 옥수수, 밀가루, 쌀 등을 보내고 병원, 국수공장, 학교 세우는 일을 성사시킨 곳은 어디입니까? 한국의 복음주의자 그룹입니다.

역사는 논의로 진전하지 않습니다. 창조적 소수, 거룩한 그루터기, 남은 자들이 움직일 때 역사의 수레바퀴가 굴러갑니다.

# 40대 기수론

나는 한국교회의 40대 리더십을 가장 우려합니다. 1세대의 '고난을 이기는 신앙'의 흐름을 40대 리더십이 받지 못하면 30대가 허물어져 버리기 때문입니다.

학생운동 경험과 교회의 소중함을 가지고 있는 40대 교회 지도자들, 사역자들이 힘을 모아 한국교회를 다시 살려야 합니다. 40대가 일어나서 선대의 고난과 후대의 비판력을 중개하면, 세계교회의 흐름이 어떻게 될 것인가를 고민하는 정도가 아니라 한국교회가 세계교회의 흐름에 영향을 끼칠 수 있게 됩니다.

비근한 예로, 세계 3대 선교단체 중 하나인 오엠(OM) 선교회만 하더라도 옥한흠 목사님과 나를 비롯한 몇 분들이 최상위 지도층에 들어가 있습니다. 옛날 같으면 상상도 못할 일입니다. 앞으로 세계 유수한 선교단체와 교단의 톱 리더십에 한국 지도자들이 많이 올라갈 것입니다.

영어권의 1.5세들은 학력 면에서 세계 최고로 준비된 계층이 될 것입니다. 이들을 잘 활용하면 정말 엄청난 사역이 이루어질 수 있습니다. 남가주 사랑의교회만 해도 하버드, 버클리 출신의 사역자들이 포진하고 있습니다. 미국교회 어디에 이런 사역자가 있습니까? 한국교회는 선교사 파송 2위 국가가 됐습니다. 선교사들도 이제는 과자격자들(over-qualified)이 많다고 할 정도입니다.

# 멘토와 코칭

나는 한국교회의 첫 리더십 수혜 세대입니다. 지금 70대이신 교회 어른들은 식민지 경험, 민족전쟁, 격렬한 정치적 변동을 겪으면서 너무나 험악한 역사의 질곡을 걸어왔기 때문에 사람을 키운다는 생각을 발전시킬 여력이 없었습니다. 인재 양성이 문화화되지 않았던 것입니다. 왜냐하면 당시는 너무나 각박한 시대여서 자기가 차지할 파이를 빼앗긴다고 생각했기 때문입니다. 사람을 키워 놓으면 그 파이를 뺏어 먹으려고 하니까 안 키운 것입니다. 그러나 어떤 선각자들은 사람을 키우기 시작했습니다. 한국교회 선각자들의 첫 멘토링 수혜자가 바로 나였습니다.

내가 얼마나 특혜를 받은 인생인가 깨달은 순간부터 지금까지 매일 밤 빼놓지 않고 드리는 기도가 있습니다.

'주님, 주께서 허락하신 꿈에서 깨어나지 않는 사람이 되게 하옵소서. 꿈과 비전과 소명에 충실한 인생이 되게 하옵소서. 단 하루라도 비전 없이 잠들지 않게 하소서.'

멘토링 장학생으로서 내가 생각하는 두 번째 보은의 길은 이것입니다. 즉, 균형 있는 사역자로 서는 것입니다. 영성과 지성, 한국교회와 이민교회, 서구교회(합리성)와 동양교회(사상의 깊이), 고난을 이기는 신앙(한국교회)과 성실과 정직한 신앙(미국교회), 교회와 교회 밖 선교단체, 지성과 훈련 등의 균형을 시도하는 것입니다. 이렇게 짝을 이루는 가치들을 조화시켜서 균형 있는 사역을 선보이고 이것으로써 모범과 자극이 되게 하고 싶습니다.

나는 평생을 훌륭한 지도자들로부터 키움받은 사람입니다. 따라서 나 역시 사람을 키우는 인생으로 남아야 마땅하다고 생각합니다. 지금까지 제자훈련을 통해 많은 평신도 지도자들을 세워 왔는데, 앞으로는 목회 동역자들도 코칭(coaching)하게 해달라고 기도하고 있습니다.

## 얽힘과 엮임

80년대까지는 지사(至死) 충성하고, 기도 열심히 하고, 땀 흘리면 다 됐습니다. 그러나 포스트모던 시대에는 시스템과 네트워킹이 없으면 일할 수 없습니다. 시스템은 재생산으로 평가됩니다. 한 사람의 땀은 재생산이 안 됩니다.

한 가지 예를 들어봅시다. 척 스미스 목사님의 갈보리 채플(Calvary Chapel)은 전 세계의 600여 곳에 세워져 있습니다. 이 많은 교회가 어떻게 세워졌습니까? 스미스 목사님 밑에서 훈련을 받았다든지 갈보리 채플 바이블 칼리지를 나온 제자 그룹들이 이 수많은 교회들을 개척했습니다. 같은 정신, 같은 철학으로 말입니다. 이것이 시스템입니다.

갈보리 채플의 특징은 무엇입니까? 성경을 매우 조직적으로 가르칩니다. 조직신학을 가르친다는 말이 아니라 책별로(book by book), 장별로(chapter by chapter), 절별로(verse by verse) 가르친다는 것입니다. 주일 설교에 제목이 없는 교회로 유명합니다. 성경을 가르치고 성경을 설교하면 된다고 보는 것입니다.

"성경만으로!" 이렇게 외치는 사람들이 융통성 없는 극단주의,

교조주의로 흐를 가능성이 많지만, 갈보리 채플은 성령의 기름 부으심에 대단히 민감합니다. 성령의 역사를 지나치게 강조하면 예언의 문제에 봉착하는데, 갈보리 채플은 아주 건전합니다. 아울러 그리스도 재림의 임박성을 무척 강조합니다.

이 교회에도 진통이 없었던 것은 아닙니다. 척 스미스 목사님이 성령의 기름 부으심을 강조하니까 예배시간에 벌떡 일어나서 예언하는 사람들이 생겼습니다. 스미스 목사님이 덕 세움을 내세워 절제를 요구하니까 한쪽에서는 "하나님의 말씀을 전하는데 무슨 소리냐!"고 하며 약 500명 정도가 규합해 따로 교회를 세웠습니다. 이 교회가 그 유명한 빈야드(Vineyard)입니다. 그리고 빈야드로도 성이 안 찬 사람들이 성령 사역의 극단으로 달려간 곳이 바로 토론토 블레싱(Toronto Blessing)입니다.

약 4년 전 척 스미스 목사님과 일주일 정도를 함께 보낸 일이 있었습니다. 당시 그분의 나이가 70세 정도였는데 언제 은퇴하실 생각이시냐고 물으니 은퇴 계획이 없다고 하셨습니다. 왜냐고 물었더니 대답이 걸작입니다.

"내가 살아 있을 때 예수님이 오실 텐데 왜 은퇴를 합니까?"

나는 스미스 목사님의 짧은 대답에서 노추(老醜)가 아닌 참 신앙과 신념을 발견할 수 있었습니다.

갈보리 채플의 교회 조직은 연구해 볼 가치가 있습니다. 우선

장로 시스템이 아니라 말씀 사역자(설교자)를 조력하는 체제입니다. 구약적인 비유를 동원하자면 아론과 훌의 시스템인 것입니다. 장로를 뽑아 놓고 위원회를 만들어서 회의하는 조직이 아니라 모세를 중심으로 평신도를 섬기고 돕는 시스템으로 가고 있습니다. 미국에 약 500여 곳, 그리고 5대주에 100여 곳이 있는데 개척한 지 2, 3년만 되면 웬만한 교회는 2,000명이 넘어버립니다.

목사 한 사람의 탁월함으로 목회를 평가하던 시대는 지났습니다. 이제는 재생산이 잣대가 됩니다. 아무리 설교를 잘하고 회집

인원이 많아도 재생산이 안 되면 소용없습니다. 언어의 마술사, 설교의 달인이라도 재생산이 안 되면 곤란합니다.

그러나 이런 경우를 봅시다. 70년대 이후 한국교회 사역에 두 기둥이 생겼다고 합니다. 하나는 조용기 목사님을 중심으로 한 성령운동이고, 다른 하나는 옥한흠 목사님을 중심으로 한 제자훈련운동입니다. 왜 이 두 사역을 높이 평가합니까? 재생산이 되기 때문입니다. 여의도순복음교회를 카피하면(예배, 치유기도, 구역, 조장) 전주, 광주, 대구, 부산, 대전, 시카고, 뉴욕, 시드니, 동경 등에 교회가 세워집니다. 사랑의교회 제자훈련도 마찬가지입니다. 여기에 재생산의 매력이 있습니다.

# 민족을 포옹한 교회

대한민국의 초대 국회가 열릴 때 이승만 전 대통령이 "이운영 의원, 기도하고 시작하시오." 하고 말한 기록이 있습니다. 그가 국회 개원식 때 기도한 제목 가운데 한 가지만 빼고 다 응답됐습니다. 그 한 가지는 남북통일입니다.

나는 전율합니다. 당시 남북한의 인구가 2천 7백만이었습니다. 그리고 크리스천 인구가 30만 정도였습니다. 1퍼센트가 갓 넘는 크리스천 가운데 민족의 스승 고당 조만식, 월남 이상재, 남강 이승훈, 도산 안창호, 백범 김구, 우남 이승만 등과 같은 인물들이 나왔습니다. 한반도와 해외 동포들에게 존경받고 찬란한 빛을 던진 지도자들은 전부 크리스천이었습니다.

제2차 세계대전 이후 해방된 나라 대부분은 기독교 국가의 식민지였습니다. 그들은 기독교 국가들의 제국주의(imperialism), 자국가 영화주의(glorism), 식민지주의(colonialism)에 신물이 났습니다. 인도는 영국으로부터, 인도네시아는 네덜란드로부터, 필리핀은 미국으로부터 착취와 수탈을 당하면서 기독교 국가의 위선을 경험했습니다. 유일하게 한국만 비기독교 국가인 일본의

식민 지배를 받았습니다.

역사적으로 볼 때 우리 겨레의 의식 속에는 '잘 모르지만 예수 믿는 것이 애국애족하는 일이다.'라는 생각이 자연스럽게 박혔습니다. '종교를 선택한다면 기독교를 선택한다.'는 생각이 은연중에 있습니다. 왜냐하면 기독교가 현저하게 민족의 선각자 노릇을 했기 때문입니다. 기독교는 확실히 암울한 시대를 밝히는 조명탄을 날렸습니다. 그런데 이런 역사적 정체성이 90년대 들어와 사라져 버리면서 교회가 사회로부터 외면당하기 시작했습니다. 이런 현실이 안타까울 뿐입니다.

# 포괄적 애국주의

충분히 이해는 갑니다만 가수 유승준이 미국 시민권을 땄다고, 또한 군대를 기피한 의혹이 짙다고 입국도 시키지 않은 처사에 대해서는 고민을 해봐야 합니다. 최근 우리 나라에서 일어나는 민족주의를 보고 있노라면 꼭 대원군의 쇄국시대로 회귀하는 것 같습니다. 이런 면에서 우리는 중국인들에게 한 수 배워야 합니다. 그들은 해외에서 성공한 중국인들을 아무 조건 없이 받아들여 완전히 중국에 동화시킵니다. 중국은 이중국적, 복수국적을 얼마든지 허용합니다. 그렇게 함으로써 간접적으로 중국의 영토를 넓히고 있습니다.

병역 의무 필수에 관한 문제는 단순하지 않습니다. 아니, 상당히 중요한 문제입니다. 그러나 이제는 군대에 갔다왔다, 안 갔다왔다, 여기에만 함몰돼서는 안 됩니다. 이것을 뛰어넘어야 합니다. 엄마 뱃속에 있으면 엄마가 안 보이지만 엄마 뱃속에서 나오면 객관적으로 볼 수 있는 것처럼, 이제는 세계를 향해 할 말 있는 나라가 되기 위해 정치의 근본 틀과 제도들을 정비해야 합니다.

## 한미준

'한미준'(한국교회의 미래를 준비하는 모임)은 인격적 신뢰를 담보로 하는 모임입니다. 인격적으로 신뢰할 수 있는 목회자끼리 순수하고 소박하게 모이는 모임입니다. 한미준은 무엇보다도 한국교회의 회개와 갱신에 대해 아프게 각성하고 있습니다. 또한 수평적 교회 성장이 아니라 회심 성장에 중점을 둡니다. 누군가 수평이동에 의한 교회 성장을 교회의 근친상간이라고 통렬하게 지적했습니다.

나도 공감합니다. 우리는 회심 성장을 통하여 다시 한번 은혜의 계절이 돌아오게 해야 합니다. 마지막으로 한미준은 미래에 대한 대안을 제시하고 준비하는 데 노력합니다. 한국교회를 바꿔 보겠다는 거창한 목표보다는 인격적인 신뢰를 바탕으로 좋은 모델을 보여 주는 데 주력하는 것입니다.

## 바른 의사결정

사람을 키울 때 가장 중요한 것은 바른 의사결정(decision-making) 방법을 가르쳐 주는 것입니다. 돈으로 받는 도움이 사실은 가장 간단합니다. 그러나 더 중요한 것은 어느 길로 가야 할지 고민할 때 좋은 멘토들을 통하여 옳은 길, 바람직한 길을 발견하게 돕는 것입니다.

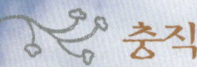 충직

똑똑해서 존경은 하지만 마음은 같이 하지 못하는 사람이 있습니다. 반면에 조금 부족해도 마음을 같이 할 수 있는 사람이 있습니다. 시골 머슴이라도 날마다 동네 경조사에 나타나 일을 해주면 처음에는 머슴이라고 알아주지 않다가도 나중에는 그 사람의 진실됨을 느끼고 가까이하게 됩니다. 이것이 바로 충직입니다.

# 에필로그

Cor Meum Tibi Offero, Domine, Prompte et Sincere!
주여, 나의 심장을 당신에게 바칩니다. 기꺼이 그리고 진지하게!

냉철한 논리의 사람으로 알려진 칼뱅은 우리의 선입견과는 달리 신앙의 모토를 위와 같은 말로 나타냈습니다. 책의 서문에서 밝힌 것처럼 이 책은 거친 사역의 현장에서 그때그때 낚아 올린 생각의 조각보입니다. 제 사역의 심장을 개복하는 심정으로 엿보인 것입니다. 다시 한번 제가 건너야 할 시대의 강을 생각하며, 어렵다고 피하고 힘들다고 도망하지 않을 것을 다짐하면서 저의 향후 행보를 밝히는 것으로 이 책의 후기를 대신하고자 합니다.

첫 번째 비전은 제자훈련 사역의 국제화입니다. 저는 세계에서 한국, 중국, 미국, 이 세 곳이 영적으로 가장 역동적인 지역이라고 생각합니다. 이 세 곳을 제자훈련을 통하여 섬기고 싶습니다.

두 번째로 한국교회가 목회 윤리를 회복하는 데 일조하고 싶습니다. 특히 대형교회로써 사회를 향한 책임감을 큰 규모의 사역들을 통하여 감당해야 한다고 생각합니다. 현재 사랑의교회는 소년소녀가장, 독거노인, 장애인 등 사회의 그늘진 이들을 위해 연간 70억 정도를 사용하고 있는데, 이 일을 더욱 확대해 나갈 것입니다.

세 번째는 문화의 변혁운동입니다. 세상 문화에 교회가 뒤쳐지면서 청년이 교회를 떠나고 있습니다. 문화의 변혁자 되신 예수님을 따라서 기독교 문화를 회복시켜야 합니다. 사랑의교회는 이 일을 위해 환락의 강남을 변화시키는 거룩하고 깨끗한 강남을 위해 기도하고 있습니다.

네 번째로 세계선교를 마무리하는 교회가 되고 싶습니다. 특히 아직 선교의 불모지로 남아 있는 국가를 중심으로 사역을 펼쳐 세계선교의 피날레를 장식하는 교회, 그 일에 일조하는 교회가 되기를 소망하고 있습니다. 아울러 요즘 또 하나의 비전을 생각하고 있는데, 기독교 세계관으로 무장한 사회 각계의 인물들을 네트워킹하는 작업입니다. 사랑의교회가 기독교 마인드를 가진 이런 학자들을 연계시키는 작업을 수행해 한국 기독교와 교회의 체력을 강화시키는 일에 쓰임받고 싶습니다.

1907년 평양을 내습한 대부흥의 100주년이 다가오고 있습니다. 이 책을 읽어주신 모든 독자들과 함께 외쳐야 할 구호가 있습니다. "한국교회여, 다시 일어나라!"

국제제자훈련원은 건강한 교회를 꿈꾸는 목회의 동반자로서 제자 삼는 사역을 중심으로 성경적 목회 모델을 제시함으로 세계 교회를 섬기는 전문 사역 기관입니다.

# 통찰과 예견

**초판 1쇄 발행** 2004년 4월 6일
**개정판 5쇄(21쇄) 발행** 2023년 12월 20일

**지은이** 오정현

**펴낸이** 박주성
**펴낸곳** 국제제자훈련원
**등록번호** 제2013-000170호(2013년 9월 25일)
**주소** 서울시 서초구 효령로68길 98(서초동)
**전화** 02)3489-4300  **팩스** 02)3489-4329
**이메일** dmipress@sarang.org

저작권자 (C) 오정현, 2004, Printed in Korea.
이 책은 저작권법에 의해 보호를 받는 저작물이므로 저자와 출판사의 허락 없이
내용의 일부를 인용하거나 발췌하는 것을 금합니다.

**ISBN 978-89-5731-783-9 (03230)**

※ 책값은 뒤표지에 있습니다. 잘못된 책은 구입하신 곳에서 교환해드립니다.